いわき発

ボランティア・ネットワーク

――ソーシャル・キャピタルの視点から――

子島 進 著　中村靖治 編集協力
NEJIMA Susumui　NAKAMURA Seiji

ミネルヴァ書房

はじめに

本書は、東日本大震災を起点とする、福島県いわき市におけるボランティア活動の記録である。いわき市は、福島県の東南端に位置し、茨城県と境を接している。西方に阿武隈高地（標高500から700メートル）があり、東方へ向かってゆるやかに低くなり、平坦地を形成している。東は太平洋に面しているため、寒暖の差が比較的少なく、温暖な気候に恵まれている。震災当時の人口は約34万人、面積は1232平方キロメートルである（いわき市役所のホームページから抜粋）。

このいわき市を舞台に展開したボランティア活動を、本書では大きく3つに分けている。最初に、震災と原発事故直後の状況と、市民による自発的な助けあいについて記している（第1、2章）。つづいて、震災後に大きく成長した「いわきオリーブプロジェクト」と「天空の里山」（ふくしまオーガニックコットンプロジェクトから派生）について、当事者へのインタビューをもとに詳しく記述している。震災後、いわき市では多くのボランティアを巻き込んだ活動がいくつも行われたが、そのケーススタディーである（第3、4章）。最後に、これらの活動から生み出されたボランティア・ネットワークの特徴について、ソーシャル・キャピタルという概念を用いて考察している（第

5章)。

本書をまとめるにいたった経緯を、簡単に紹介したい。筆者が初めていわきを訪問したのは、2011年6月のことである。当時、「シャプラニール＝市民による海外協力の会」の評議員を務めていたのだが、この国際協力NGOが震災直後からいわき市に入って支援を開始したことから、その視察が最初のいわき訪問となった(シャプラニールは南アジアを活動の中心とする国際協力NGOである。筆者は文化人類学者として、南アジアのNGOやボランティアの研究を行ってきた。現在は、同団体の理事を務めている)。

東京駅から乗った高速バスの車内では、ずっと緊張していた。道すがら、緑に包まれた風景を見ても「すべて放射能で汚染されてしまった」と暗澹たる気持ちになったことが思い出される。いわきの町は、すでにある程度落ち着きを取り戻していたが、いまだに余震が頻繁に発生していた。沿岸部の津波被災地を案内してもらいながら、「自分が生きている間に、日本でこんなことが起きるとは思わなかった。日本は安全な国だと思いこんでいたが、これで自分の世界観、人生観は変わる」という思いに打たれていた。その一方で、いわき市や隣接する双葉郡(当時は立ち入りが禁止されていた)で起きたこと、そしてこれから起きることを、若い世代と一緒に記録し、日本の外に向かって発信していかなくてはならないとも感じていた。

シャプラニールの活動が緊急支援で終わらず、2016年まで継続したことから、そのつながりを頼りに、東洋大学国際地域学部国際地域学科(当時。現在は国際学部国際地域学科)の学生を連れていわきを訪問することになった。子島ゼミとして初めて学生を引率したのは、２０１２年６月である。この時期にお世話になったのが、いわき在住のシャプラニール会員である吉田まさ子さん、隆治さん夫妻だった。二人のつてで、いわき市や双葉郡のさまざまな人から被災体験を聞くことができた。そして、そのようなインタビューの最中に「こんな冊子があるよ」と紹介されたのが、『ＨＯＰＥ２　東日本大震災いわき１３０人の証言』である。震災当時のいわき市民の行動や気持ちが生き生きと伝わってくる、素晴らしい内容だった。

吉田隆治さんが『ＨＯＰＥ２』編集の中心人物として紹介してくれたのが、共同通信の中村靖治さんだった。中村さんは、もともと埼玉県の出身だが、サーフィン好きが高じていわきの大学に入学し、そのまま住み着いたという人物である。毎日、車で走り回って取材しているネットワークの広さを生かして、ＨＯＰＥ２をまとめあげたのだった（ＨＯＰＥは中村さんたちが手弁当で作成した冊子であり、３号まで発刊された。ＨＯＰＥ２はその第２号）。

中村さんと連携しながら、この冊子を英語に翻訳して発信することが、ゼミ活動の大きな柱となった。本書の第１章ならびに第２章は、中村さんの全面的な協力のもと、ＨＯＰＥ２をベースに震災直後のボランティア活動を再編集したものである。

その後、ゼミだけでなく、ボランティア実習（学科の講義科目）、学部としての特別プロジェクト（大型バス貸し切りの予算措置あり）、さらには東洋大学としてのボランティア企画（全学部の学生から希望者を引率）など、さまざまな形態で学生たちと一緒にいわきを訪問する機会にめぐまれた。ゼミと学部プロジェクト、実習と全学企画といった組み合わせで、春、夏、秋、冬の年4回、学生を引率していわきを訪れる。さらに、学内外でいわきの商品の販売イベントを行うようになった（これらの活動については、子島［2012, 2016, 2021］、子島・須永［2015］を参照されたい）。

このように年間を通じていわきの人々とつながっていく中で、自分たちが加わっているボランティアのネットワークについても関心を抱くようになった。第3章と第4章では、特に深い関わりをもつようになった2つのプロジェクト――オリーブと天空の里山（コットン）――を通して、ボランティアの輪がどのように生み出されていったのかについて論じている。もともと、NGOやボランティアを社会文化現象として記述・分析する調査研究を行っていたことから、プロジェクトのリーダーである松崎康弘さんや福島裕さんへのインタビューは、「さらにあれも聞きたい、これも聞かなければ」と回数を重ねることとなった。いわきで会っているときには学生引率で忙しく、松崎さんや福島さんから時間をかけて話をきくことはなかなかできなかったのだが、メール、電話、さらにズームで何回となくインタビューを行うことで、ボランティア活動の細部について掘り下げていくことができた。お二人だけではなく、いわきや東京の関係者・ボランティアの語りも取り入れることで、より具体的で多面的な記述になったと感じている。

調査をする者と調査される者が、対話を通して新たな物語を一緒に作り出していくことの重要性については、ギル・庄司［2019］、ならびに辻内・滝澤・岩垣、研究協力：佐藤［2019］が論じている。時間はかかったが、この2つの章には、松崎さんや福島さんの考えをかなり反映させることができたのではないかと思う。

第3章と4章の「記述」から、自分たちが参加してきた活動が、いかに生み出されていったのかについて、その流れを理解することはできた。さらに、何らかの視点から「分析」することで、ボランティアに関する理解をもう一歩先に進めることができるはずだと感じたことから、第5章では、ソーシャル・キャピタルという概念を用いて、いわきを中心に広がるボランティア・ネットワークの特徴を分析した。いわきを訪問するようになってから、少しずつ地域社会学の勉強をしてきたのだが、第5章は同分野の先行研究に多くを依拠している（いわき市の地域的特徴や被害状況については、以下を参照のこと。小宅［2016］、川副・浦野［2012］、川副・星野［2019］）。

以上のような経過をたどって、本書は全体として、震災直後の市民による活動、プロジェクト・リーダーの特徴、参集するいわき市内外のボランティアにおける信頼関係の深化や新たなつながりの生成を描き出すこととなった。このダイナミックなネットワークにつながることで、東洋大学の学生たちと一緒に行ってきたボランティアも、生き生きとした活動でありつづけられたのだと実感している。学生たちの活動についても、もっと書きこみたかったのだが、以上の内容だけでかなりの分量となってしまった。少しだけコラムで紹介したが、また、稿を改めて論じることとしたい。

いわき発ボランティア・ネットワーク　目　次

第5章　ソーシャル・キャピタルから見るボランティア・ネットワーク

コラム

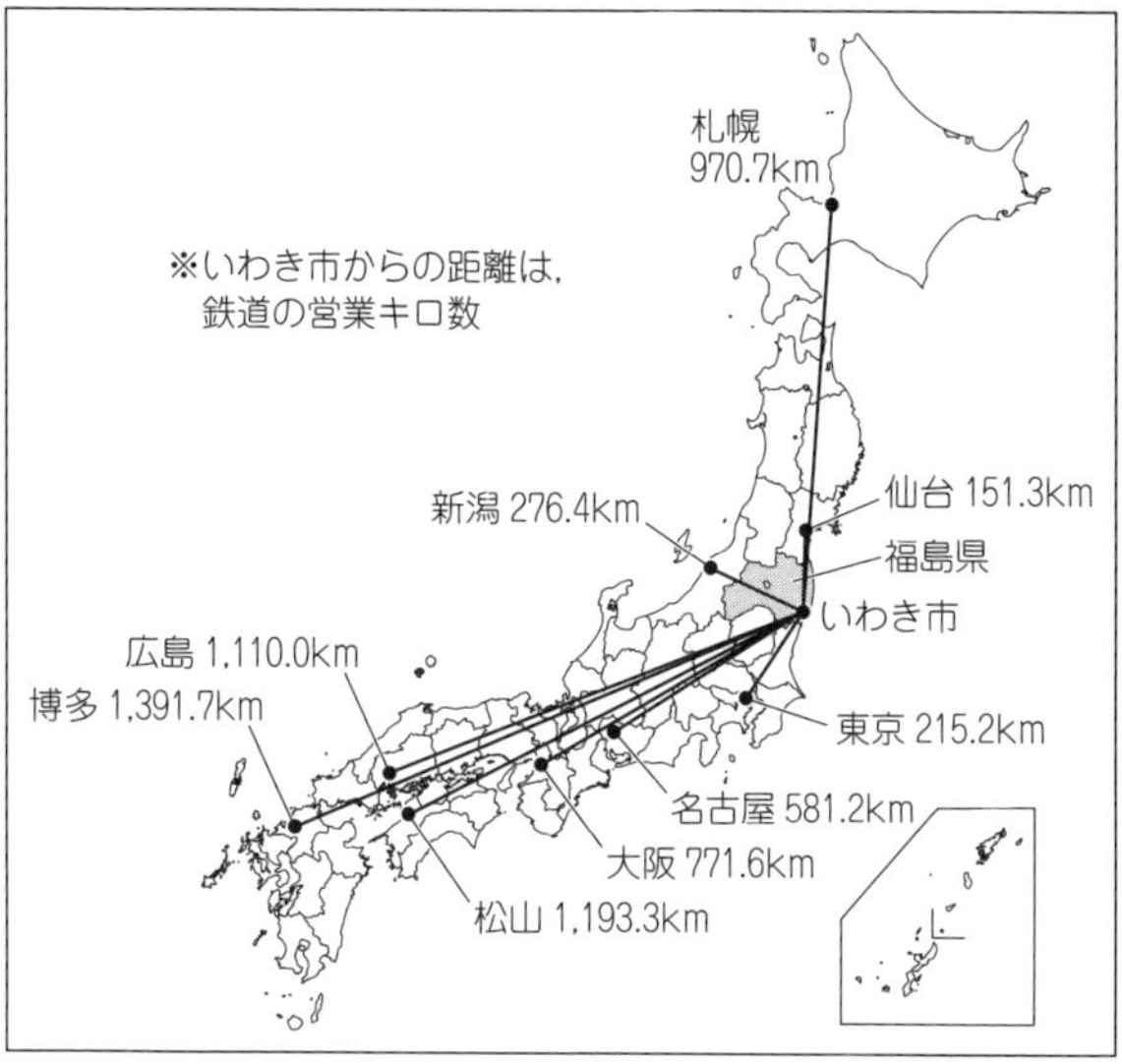

▲福島県の位置

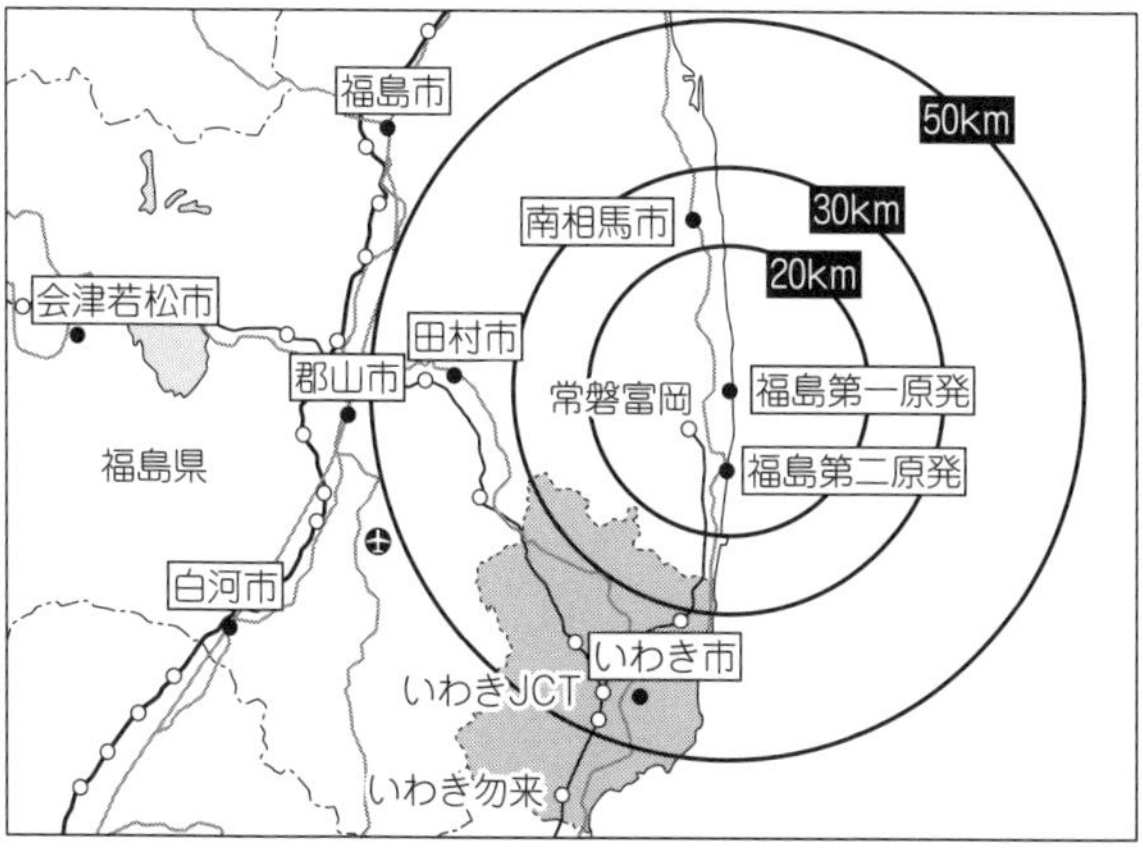

▲福島県内原子力発電所の位置と福島第一原発からの同心円図

写真の撮影者と提供団体

撮影者

岡田健一：コラム2-1、コラム2-2。
鈴木鉄忠：4-6。
鈴木利明：1-2。
中村靖治：1-1、1-3、1-4、2-3、2-4、第1章・第2章扉。
子島進：コラム3-1、コラム3-2、4-5、4-8、4-9。
福島裕：4-3、4-4、4-7。

提供者・団体

いわきオリーブプロジェクト：3-8。

©株式会社エフ・スタッフルーム（おこのみっくすマガジン編集部）：3-1、3-2、3-3、3-4、3-5、3-6、3-7、第3章・第5章扉。

いわき市海岸保全を考える会：2-1、2-2。

大瀧知子：4-2。

株式会社エフ・スタッフルーム：3-1、3-3、3-4。

©KITEN：コラム4-1。

子島ゼミ：4-1、4-10、第4章扉。

第1章　地震、津波、原発事故

本章では、地震発生時、津波の襲来、そして原発事故時のいわき市ならびに双葉郡の人々の様子について記述していく。主として依拠するのは『ＨＯＰＥ２――東日本大震災いわき１３０人の証言』である。この雑誌は、いわき市海岸保全を考える会が２０１１年10月21日に発行したものである。中心になって作業に当たったのが、中村靖治さんである。中村さんは共同通信記者という仕事柄、常にいわき市内を駆け回り、多くの住民に接している。その幅広いネットワークを駆使して、１３０人もの当事者から震災当時の証言を集めた。

どんなに強烈な経験であっても、人間の記憶は年数が経つと変容していく。震災発生から数か月のうちに集められた『ＨＯＰＥ２』収録の証言は、当時の人々の行動と心の揺れ動きを伝える一次資料として高い価値を有している。この証言をもとに、未曽有の大震災に際して、人々は何を見て、どのように感じ、行動したのかを再構成してみたい。

なお、証言者データとして、氏名、当時の年齢、職業、そして記載がある場合には、いわき市内の居住エリアを記している。

1 地震発生時の状況

14時46分、ちょっとした横揺れから始まり徐々に大きさを増し、今まで経験のない大きな揺れが長い時間を伴って地面や建物を襲ってきた。

道路向かいの塀が倒れ、道路が波打ち、足元を見ると基礎が地割れを起こした。まるで（地球が）大きな息をしているかのように。

小野勝康（54）、HONDA Cars いわき中央取締役社長

店裏のプロパンガスが音を立てて倒れ、隣の自動車ディーラーの看板が車道に落下。港側からはライトを点灯し、クラクションを鳴らしながら猛スピードで走ってくる車が何台も通り過ぎ、経験のない恐怖を感じた。厚さ20ミリの大きな１枚ガラスが割れ、壁はいたるところで崩れ、理容備品、器具も散乱し立ち尽くしてしまった。

坂本篤司（32）、理容美男オーナー

ＦＭいわきのスタジオ近くにあるイタリアン料理店で友人とちょっと遅いランチを楽しんでいるとき、あの地震が起きた。棚に並べられていたワインが次々に床に落ちて割れ、床が赤く染まっていく。怖かったと思う。うん。怖かった…。心臓の音も手も足も自分のものじゃないと感じるくらいだったもの。外に出ると塀は倒れ、映画のように地面が割れていき、古い家はつぶれ瓦が落ち…。余震が続く中、半ば這うようにしてスタジオに向かった。

ベティ、フリーパーソナリティ

大地震が起きたのは自宅物置の修繕作業で親父と一緒に脚立に上っている時だった。急いで脚立から降り、揺れが収まるのを待った。しかし、揺れは強く長く続いた。立っていることができず、その場にしゃがみ込んでしまった。道路はゆがみ、電柱が「わさわさ」と揺れた。山は揺れのため、2重にも3重にも重なって見える。体の芯から恐怖を感じ、震えが止まらなかった。この世の終わりかと思った。

鈴木半三（48）、兼業農家、平下高久

図書館、病院、水族館といった公共の場所でも、人々は大きな揺れにさらされていた。

徐々に激しさを増す揺れのため、80メートルある閲覧室のちょうど中間地点で、一歩も動けなくなってしまいました。周囲を見回すと、書架から本がバサバサと崩れ落ち、600基ある吊り下げ式の蛍光灯は繋がったままゆっさゆっさと揺れています。揺れはますます激しさを増し、蛍光灯はあちこちで火花を散らしながら落ち始めました。まるでスペクタクル映画のようでした。利用者への呼びかけはできても、誰もが動けない状況でした。

井戸川保子（57）、市立いわき総合図書館

午後2時46分には、外来待合室には17人位いたと思う。立つことも出来ない揺れの中で、子供たちは泣き叫び、お母さんたちは、柱や椅子にしがみついていた。敷地周囲に亀裂が走り、最大で60センチメートルほど土地が沈み込んでいた。もちろん建物につながるパイプは上下水道、ガス管全てが断裂されていた。さらに驚くべきことに、数トンはあるであろうかと思われる電気のキュービクルが横倒しに近い状態になっており、電信柱からはコンデンサーが外れて、ちぎれそうな状態でぶら下がっていた。

佐藤英二（60）、佐藤マタニティクリニック院長、勿来町

黒潮大水槽の上で作業している時だった。大きな揺れがあり、普段は静かな水面が大しけの海のように表情を変えた。高さを増す波に乗って、イワシが水槽の外へ飛ばされる。

親潮水槽との仕切り版のアクリルが「バキバキ」と音を立てて割れた。水槽内には掃除をするスタッフ２人が潜っている。水中で異常を感じた２人を助け出し、お客さんの誘導に向かった。

屋外は液状化現象でひびから水が噴き出していた。

藤井健一（35）、アクアマリンふくしま飼育員、小名浜

この時の揺れは、誰にとっても経験のないものであり、いわきの人々がたいへんな恐怖にとらわれたことがわかる。では、揺れと長さはどの程度のものだったのだろうか？　２０１１年3月25日に気象庁が発表した報道発表資料によると、震度6弱の揺れが、以下の地方で長く続いている（「平成23年（２０１１年）東北地方太平洋沖地震時に震度計で観測した各地の揺れの状況について」）。

大船渡市大船渡町（大船渡特別地域気象観測所）	6弱	約１６０秒
石巻市泉町（石巻特別地域気象観測所）	6弱	約１６０秒
仙台宮城野区五輪（仙台管区気象台）	6弱	約１７０秒
いわき市小名浜（小名浜特別地域気象観測所）	6弱	約１９０秒
水戸市金町（水戸地方気象台）	6弱	約１３０秒

震度6弱とは、人は「立っていることが困難になり」、屋内では「固定していない家具の大半が

移動し、倒れるものもある。ドアが開かなくなることがある」、そして屋外では「壁のタイルや窓ガラスが破損、落下することがある」という状況である（気象庁震度階級関連解説表）。このような激烈な揺れが、いわき市では3分以上、東北地方で最も長くつづいたのだった。いわき市の北に位置する双葉郡も激しい揺れに見舞われている。

1000年に1度の大地震が私たちの時代に来るとは思っていませんでした。その時、私は母と買い物に出かけていました。走行中の車の中で突然携帯の緊急地震速報が鳴りました。「地震？」と思った瞬間でした。地響きと共に大きな横揺れが来て、とても走れる状態ではなくなりました。車を左隅に急いで止め外に出ました。前を走っていた車の傍らでは若い女性がうずくまり泣き出していました。私と母は声をかけ、そして3人で地震が落ち着くまでしゃがんでいました。すぐに家に帰ろうと国道6号に向かいましたが道路には亀裂や陥没が多く、車は全く進みません。浪江町では津波警報が出され町はパニック状態になっていました。普段なら25分で帰れる家に戻れたのは4時間後でした。私の家の前、隣も全壊で凄まじい地震の爪痕がありました。

渡部早織（22）、双葉町

3月11日14時46分、15時15分、15時25分と連続して、今まで経験したことのない巨大地震（天地がひっくり返るような揺れと地鳴り）が富岡駅構内を襲った。地震によりホームは大きく波打ち、電柱が傾き、トランス（変圧器）が落ちた。駅事務所内の電灯器具がコード1本でぶら下がり、ロッカー類が倒れた。窓と扉は外れ落ち、パソコン等の機器類が床に落ち、あらゆる物が破損。停電、断水、通信手段等のライフラインもすべて閉ざされてしまった。

第1次避難所に指定されている駅前広場へ全員が一時的に避難。私は崩壊した駅舎を見て「とんでもないことになった。この状況をどうすればいいのだろう」と不安にかられた。情報を得るにも携帯電話は通信不能、防災無線なども停電のため使えない。

寺崎秀一（56）、富岡駅長

そして、本震が収まっても、余震が絶え間なくつづいた。マグニチュード4・0を超える余震は、2011年3月だけで実に3039回も発生した（気象庁「平成23年（2011年）東北地方太平洋沖地震」について〜7年間の地震活動〜）。

地震発生当時はあまりの揺れの大きさに、私は家内と一緒に家の中から庭へ飛び出した。激しい揺れに立っていることができず、地面にしゃがみこみながら揺れの収まるのを待った。本堂が左右に大きく揺れ、庫裏の屋根瓦が落ち、「つぶれる」と二人で大きな声で叫んだ。さらに続く余震に家に入ることもできずに、しばらくは崩れ落ちた瓦を茫然と見ていることしかできなかった。

阿邉学道（56）、忠教寺住職、平

突然、携帯の緊急地震速報が部屋に響き、初めて聞いた音に戸惑った。数秒後、あの地震がやってきた。怖くて近くにあった枕を抱きしめ、揺れがおさまるのを待った。外に出ると、隣のおばちゃんがいて、「一人じゃ怖いでしょ。おばちゃん家においで」と言ってくれた。親が帰ってくるまで待たせてもらうことに。テレビで観る映像は信じられないものばかりで、まるで映画のようだった。はじめに帰宅した父が家の状況を確認し、蛇口をひねると水が出ない。田人まで水を汲みに行き、飲み水を確保する。最後に帰宅した母と半泣き状態で抱き合った。徐々に友人とも連絡が取れて、ほっとする。だが、緊急地震速報や「ゴゴゴ…」という地響きは鳴り続けた。大きな揺れへの恐怖で朝の5時頃まで座ることすらできなかった。

石井麻美（22）、東日本国際大学

2 津波の襲来

地震発生から約50分後、いわき市沿岸部に津波が到達した。いわき市役所発行の記録誌「東日本大震災から1年　いわき市の記録」によれば、市内各地の津波の高さは図1―1のとおりである（いわき市行政経営部広報広聴課およびプロジェクトチーム・いわき未来づくりセンター［2012：2］）。

最も高かった薄磯や豊間では8メートルを超えている。これはマンションの3階部分まで、ほぼ波に飲みこまれてしまう高さである。

① 久之浜町田之網字浜川（103m）　7.45m
② 四倉町字東二丁目（142m）　7.55m
③ 平藤間字鯨（169m）　5.08m
④ 平薄磯字中街（151m）　8.51m
⑤ 平豊間字下町（103m）　8.57m
⑥ 江名字江ノ浦（18m）　6.81m
⑦ 永崎字川畑（163m）　5.38m
⑧ 小名浜下神白字松下（56m）　6.81m
⑨ 岩間町岩下（166m）　7.66m
⑩ 錦町須賀（169m）　6.7m
⑪ 勿来町九面九浦町（13m）　4.9m

＊浸水高は、TP（東京湾平均海面）からの高さ
＊（　）内は、海岸から測定地点までの距離

図１-１　いわき市を襲った津波

（出所）「東日本大震災から１年　いわき市の記録」２ページから作成。

地震の揺れはたいへんなものだったが、実際に倒壊した建物は、沿岸部を含めてそれほど多くはなかった。甚大な被害をもたらしたのは、その後に何度も襲来した津波だった。久之浜、薄磯、豊間、岩間などの集落が壊滅的な打撃を受けた。

津波が沿岸部を直撃した時の様子を、北端の久之浜から、順番に南下していく形で見ていきたい。

久之浜

消防団が大騒ぎで走り回っててね。旦那に「お父さん、逃げるよ！」って言っても「俺は残る」って動かない。とりあえず車だけ出そうとしたら、車の前に石灯篭が倒れててね。もう車で逃げるのは諦めて、貴重品だけ持っていこうと思って通帳なんかをバッグに詰めてたの。非常用の持出し袋のことなんか思い出しもしなかったねぇ。そしたら、旦那が「黒いおっきいのが来たぞ！」って叫んでね。

私は慌てて階段へ。水に押されるような感じで駆け上がったよ。そうしたら、二階の畳が水の力で床板ごと〝へ〟の字に持ち上がってね。生きた心地がしなかったよ。

それ以上、水かさが上がんなかったから私は無事だったけど、お父さんはそのまま下の茶の間にいたから…。水が引くスピードが凄くてね。ああ、お父さんが海に持ってかれちゃうって思ったよ。

降りようとしたら、木材だのベニヤだのがいっぱいでなかなか進めない。やっとの思いで茶の間までたどり着いたんだけど、もう茶の間も瓦礫で埋もれててねぇ。「お父さん！お父さん！」って

写真１−１　久之浜では、津波の後に大火事が発生した

必死に呼んだよ。そしたら、返事が聞こえてね。顔も体も血だらけで瓦礫の中から出てきたの。いやあ、ほっとしたよ。今田クニ子（80）、久之浜

近所の100円ショップさいっとき（いる時）、地震にあったんだけど、近くに住む姉ちゃん夫婦が気になって、様子見に行ったんだよ。そしたら、姉ちゃんに「あんた自分のウチの心配が先だっぺ」って言われて、海が目の前のわがの家（いえ）に戻ったの。家の中入ったら、箪笥は倒れてるわ、ガラスは割れてるわで、しっちゃかめっちゃかでよ。それ見たら、これは津波来るなって感じて、逃げようと玄関出たの。そしたらよう、目の前に防波堤より遥かに高い水の壁が迫っててよ。7～8メートルはあったな。逃げる間も無く家の中に押し戻されて、あっちこっちぶっつけてよ。気づいたら家はぼっ壊れてて、瓦礫の下敷きだよ。なんとか脱出しようともがいてたら、5歳くらい

の男の子の声で「助けて」って聞こえんだよ。動けんのかって聞いたら、動けないっていうから、俺とおんなじような状況だったんだっぺな。お互い姿は見えねえから横に落ちてた長い棒を拾って、瓦礫の山より高く突き上げたんだよ。そしたら、その子が見えたっていうからよ。そばに人がいるってことでお互い安心したと思うよ。

そのうち、その子の親が捜しに来て、俺も見つけてもらったの。その子がいなかったら助かんなかったかもしんねえな。

熊木政雄（63）、久之浜

四倉

揺れが収まり直ちに、港から20mの会社に戻ると、従業員全員が駐車場に集まっていた。皆と今日の仕事は無理だろうと話している時、電話が鳴った。神奈川へ行っていた妻からだった。「大津波警報が出ている」。

溢れ出した海水が、すでに足首を浸していたにもかかわらず、「狼少年みたいに『来る来る』言ってても、どうせ来ないだろ」と私は変な余裕を持っていた。しかし、妻の言葉を聞いて自分が置かれた状況を把握した。すぐに従業員に帰宅するよう指示を出し、全員が退社するのを見届けた。そして、自分も避難しなければと思い、溢れ出た海水の中を全力で走って、まだ浸水していないところまで出た。だが、これ以上、波は来ないだろうと思い込み、海水の中を再び車を取りに戻ってしまった。エンジンはかかったので車を走らせたものの、フロントガラスに凄い勢いで水しぶきがかかり、たちまちエンストしてしまった。

車から降りると、波がサーッと引き始めた。引いていく波を目で追っていくと、魚市場の屋根より遥かに上に黒い波が盛り上がっているのが見えた。一瞬、惑ったがすぐに津波と認識し逃げた。途中、転んで全身ずぶ濡れになりながら必死で走った。振り返る余裕はなく、津波がどれくらいまで迫っていたかは分からない。

Sさん（61）、会社経営、四倉

エンジンをかけると、車のテレビに大津波警報のテロップと小名浜港が映し出されました。この辺りは今まで津波で大きな被害を受けたことがないので、のんきに構えていた私もさすがに危機感を覚えました。その時、「津波が来たーっ」という声とともに私の目に映ったのは、海岸に空高くそそり立つ真っ黒で巨大な津波の壁でした。我が目を疑い、現実を受け入れる間もなく車ごと津波にのまれてしまったのです。

私のいるスペースは淀みの状態になり、車は浮遊、ゆっくり流されていきました。すぐ横ではつい先ほどまで海岸側に並んで停車していた車が、ものすごい勢いで横転しながら、林の奥へ流れていきました。辺りには近所の家々が轟音と共に破壊される光景が広がっていました。

車は深さ２ｍ近くの水に浮いたまま、松の木と流されてきたプレハブに挟まれ停止。その状態で足元に水が流れ込み始め、絶え間なく車のガラスには津波とともに、砂や石、がれきなどがぶつかっていました。

その後、男の方に助けられ、怪我ひとつなく生還できました。

猪狩美季（47）、会社員、小川（四倉で被災）

薄磯と豊間

まず、海の色が変わった。よく黒い波と表現するが、濃い茶色だった。沖の方が盛り上がったかと思うと、目の前の「いわき病院」の駐車場をざーっと波が覆う。さらに道を超え、我が家に迫る。道路より2メートルあまり高い自宅敷地に、10センチの厚みの波が、まるで生き物のように坂を登ってきた。病院駐車場に停めてあった2、30台の車が互いにぶつかることもなく、いっせいに動き出す。その奥で、3～4メートルの波がこちらに向かってきた。巨大な水の壁がそのまま移動しているかのようだった。

志賀秀範（54）、豊間中学校元PTA会長

いわき市消防団第一支団第七分団に所属しています。地震発生時は沼ノ内にいました。すぐに詰所に向かい、仕事のトラックからポンプ車に乗り換え、沿岸部で避難を呼びかけました。すぐ避難する人、不安げな人、まったく意に介さない人、反応はいろいろでした。正直、僕自身もあんな津波が来るなんて思ってもいませんでした。

豊間地区の南端、合磯まで広報し終わり、Uターンして、来た道を戻りました。セブンイレブン

を過ぎ、県道の橋を渡っている最中に津波に襲われました。欄干を越えた波に、足元をすくわれ、ポンプ車は制御不能に。必死にハンドルを取り、なんとか惰性で橋を越えました。渡りきった時の、動力が路面に伝わった、着地したような感触は忘れられません。もう少し、あの橋を渡るタイミングが遅かったら…、まだ沿岸部で広報していたら…。そう考えると、ほんのちょっとのことが、人の運命を左右するんだと思います。

遠藤清治（41）、消防団員

私は夜勤明けで寝ていました。激しい揺れに飛び起きると、同居する父が家にいない。心配しながら倒れたテレビを直していると、父が帰ってきました。家の中から庭にいる父に向かって「どこ、行ってた？」と声をかけた、その時です。大きな音がして、その方向へ父が振り返った瞬間、何かに突き飛ばされるように父は視界から消えました。波が来る前です。津波の風圧に飛ばされたのでしょうか。確かに水は見ていません。その直後からの私の記憶はありません。

気づいた時、私は水の中でした。瓦礫に体が挟まり、胸の辺りがぐりぐり締め付けられていました。もちろん顔も沈んだ状態でしたが、自力ではどうすることも出来ませんでした。そこに、また波が来て瓦礫から体が抜け出ました。私は再び気を失いました。

次に気づいた時も水の中でした。水の中で上を見て、空の明るさを感じたことを覚えています。水から顔を出し、瓦礫の上に流れてきた布団の上によじ登りました。辺りを見回すと、３階建ての冷凍倉庫と同じ高さでした。30分位、寒さに震えながらその場にいると、消防団の方が見つけてくれて、助け出されました。

Ｓさん（47）、薄磯

写真1－2　平豊間を襲った津波

地震の後、塩屋崎灯台から豊間海岸に下りました。海を見ると波しぶき一つなく静まり、海の色も黒く水平線をいつもより遠く感じました。以前から父に「地震の後、波が引いたときは津波が来る」と教わったことを思い出し、一刻も早く豊間の海岸沿いに建っている実家から「娘と両親を連れて避難しなくては」と車を走らせました。

実家に着くと、だれもいない。「避難したんだ」。両親と娘がいないことを確認した後、実家の裏の駐車場に車を停め、携帯で父に電話をしましたが、つながりません。

すると「ゴォーー！」という凄まじい音が聞こえ、音のするほうを向くと、波しぶきを上げ大きな波が1階の屋根を越し、駐車場に入ってきました。海岸を背にした瞬間でした。車は波にのまれ、水底をスゴイ速さで流されているのが分かりました。

車の窓ガラスの隙間からは、海水が入ってきます。窓ガラスが割れたら外に出ようとシートベルトに手を掛け待ちました。そして運転席の窓ガラスが割れ、一気に海水が車の中に入ってきました。シートベルトを外し、車外へ逃げましたが、息が続きません。

自分がどこにいるのかわからず、胸から足先までがれきに挟まれており、身動きできません。「助けてください」と声を出しても自分の中で響くだけでした。海に引き戻される恐怖と寒さで震えが止まりません。どのくらい時間が過ぎたでしょうか。目の前の建物の屋上から声が聞こえました。必死で近くにあった棒を振りました。すると「だれかいますか」の声が返ってきて「助かる」。その後は記憶も薄れて覚えていません。

四屋良美（47）、会社員　平豊間塩場

小名浜

揺れが収まり、しばらくするとサイレンが鳴り響いた。大津波警報の発令だ。

住民の避難が始まり、店舗側の道路が車と人でたちまち渋滞し、騒然となった。店舗は港まで800m位の距離だが、用心のため妻をバイクの後ろに乗せ、従業員とともに高台へ避難した。すでに大勢の人が集まり、不安げに港を見つめていた。一波、二波を見届け、店に戻ると、波は来ていなかったので、作業を再開した。実はそのとき、第三波が近くを流れる小名川を遡っていた。川から溢れ出した泥水が店の中になだれ込んできた。なんとかその場からは逃げることはできたが、リスボ（近所の商業施設）の立体駐車場で眠れぬ夜を過ごした。

緑川一信（56）、新聞販売店経営、小名浜

水族館員の私は、お客さんを無事避難させた後、避難のため上った3階のガラス窓から外の様子を見ていました。やってきた津波は目の前の岸壁をやすやすと超えて、水族館の入り口付近までさらさらと流れてきています。

次第に海岸の船や浮き、そして陸のコンテナまでが内陸に向かって流されていきました。そして波は付近の車も集団で飲み込んでゴトゴトと大移動させ、その中には自分の車の青色もちらちら見えますが、もうどうすることもできません。

津波は引いては押し寄せ何度もやってきました。その時は波も落ち着き、皆1階のレストラン付近で一息ついている時でした。誰かが突然「津波が来ています！」と叫びました。夕方になり外が暗くなっていて、皆全く気がついていなかったのです。

そうこうしていると、外に通じるドアから津波が館内に流れ込んできているではありませんか。このままでは波に飲み込まれてしまう！　生命の危機を感じた瞬間でした。切迫した気持ちに駆られて、皆で急いでその夜一晩過ごすことになる3階にまた駆け上がりました。

大和田晶子（34）、アクアマリンふくしま　総務課

アクアマリンふくしまのその後の歩みについては、中村庸夫［2012］『がんばっぺアクアマリンふくしま　東日本大震災から立ちなおった水族館』を参照されたい。

岩間

奥さん：消防団が避難を呼びかけててね。そんなの聞いても、まさかここまで（Aさん宅は岩間地区の山際に位置する）は来ないと思ったよ。神棚から榊が落ちてたんで、掃除してたの。そしたら急に、虫の知らせっていうか、ヤな感じがしてね。お父ちゃん、逃げっぺってことになってね。
　家の外に二人で出たら、すでに長靴の中に水が入ってくるくらい波が来ててね。その時、手を繋いで「どんなことがあっても手は絶対離さないべね」って言ったの。

Aさん：40m離れた裏山まで走ったんだけど、第2波がすぐ襲ってきて、あっという間に飲み込まれてな。裏山は急斜面でそれ以上行き場がないから、どんどん水位が上がってよ。全然足は着かなかった。俺は立ち泳ぎしながら、しっかり母ちゃんの手を握ってたよ。そのうち、東（山に向かって右側）から波が来て、西に流されてよ。無線塔に捕まっぺと思ったけど手がすべっちゃってな。そしたら、その先にウメモドキの木が30センチくらい水面から出てたんだよ。何とかそれに掴まって母ちゃん見たら、水の下に沈んでたから、グッと引き上げてよ。凄い流れだったけど、手は絶対に離さなかったよ。

奥さん：なんとか耐えきって水が引いたの。近所の家が自分げの庭さ流れて来てたり、とにかく瓦礫がひどくて、道に出れなくてね。雪も降ってきて寒くて寒くて、必死の思いで自宅の二階さあがったよ。とにかく必死で、第3波のことなんか考えもしなかったねえ。そのうち、外から話し声がしたんで、窓から大声出したら、男の人が助けに来てくれてね。高台の神社まで連れてってもらったの。神社に着いたら、また津波が襲ってきてね。振り返ったら、岩間の集落が一面、海になってたよ。

Aさん（80）、奥さん（73）、岩間

双葉郡でも揺れは激しかった。先に挙げたJR富岡駅のその後の様子を見てみよう。

情報を得るにも携帯電話は通信不能、防災無線なども停電のため使えない。3度目の揺れがあったころ、警察のパトカー広報車により大津波警報が発令されていることを初めて知った。駅から350メートルほど離れた海を注視していたところ、小さな白波が立つのを確認。津波はこんなもので終わったと思い込み一度安心した。ところが15時31分ごろ、海岸付近の大きな民家の屋根に波しぶきが上がり、一瞬にして家が倒壊、津波に呑み込まれるのを認めた。

駅まで津波が到達する危険を察した社員たちは大声で「津波が来たぞ！避難しろォ！」と叫び、売店で買い物していた人や駅前広場に避難していた人などを誘導。一緒になって150メートルほど離れた前方の高台へ走って避難した。

避難中に後方を振り返ると赤い屋根の駅舎が倒壊、業務用の自動車などが津波に押し流されるのを確認。大津波警報発令の７分後のことだった。恐怖心と失望感が交錯し、目の前が真っ暗。頭の中は真っ白になり何も考えることができない無気力状態に陥った。　　寺崎秀一（56）、富岡駅長

3　原発事故

いわき市の北側に一村七町で構成される双葉郡が位置している。いわき市から北上すると、順に広野町、楢葉町、富岡町となる。さらにその先に、福島第一原子力発電所（以下１Ｆ：いちえふ）が立地する大熊町と双葉町がある。沿岸部に位置する１Ｆは地震と津波によって電源を失い、原子炉の冷却装置が作動しなくなった。その結果、3月12日午後3時36分に1号機、14日午前11時1分に3号機の原子炉建屋が水素爆発を起こし、大量の放射性物質が放出された。

日本政府は、１Ｆ周辺への避難指示を、事態の悪化を受けて拡大させていった。当初の2キロから3キロへ、そして3月12日午前5時44分には半径10キロ圏内とした。さらに、水素爆発後の午後6時25分には半径20キロまでを避難対象とした。しかし、このような避難指示さえ受け取ることなく、双葉郡の住民は着の身着のままで故郷を離れることになったのである。その様子を富岡町役場勤務のＡさんは次のように伝えている（山下・吉田・原田［2012］。Ａさんの語りは、山下祐介・開沼博編著『「原発避難」論――避難の実像からセカンドタウン、故郷再生まで』からの引用である）。

隣の町は電気がつき、隣の隣は水道が出ていましたが、富岡はすべてのインフラがやられました。国道6号線というのが南北に走っているのですが、橋のところで遮断され、通れなくなりました。(3月11日は)陽が落ちても、電話ができない状況でしたが、町の災害対策本部では非常用電源が使えたためにテレビだけは映っていた。そのテレビの情報をもとに動いていました。

[山下・吉田・原田2012：59]

国や県からは、何も情報が来ないんです。

でもこれは危ないということで、電気があり防災無線が使えているうちに西へ避難しようということになり、川内村へ行くという情報を(12日の)朝のうちに流しました。

民間のバスを集めて、それから自力で出られる人は出てくださいという指示を出し、12日には半日がかりで概ねの人は川内へ出ていくことになります。

[山下・吉田・原田2012：60]

この判断は、東電に勤める家族などから自治体職員にもたらされた「原発が危ない」という情報(噂)に基づいてのものだった。1Fから10キロしか離れていない富岡町の役場ですら、テレビが唯一の情報源だったことがわかる。

何が起こっているかさえ知ることなく、「早く遠くへ行きます」との役場の説明が3月12日朝。何1つ持たず、コートのポッケに入っていたのは、車の鍵と携帯と100円玉1枚。自衛隊のトラックに乗り、着いたのは夕方。常磐公民館は人、人で、寒さが身に染みていたことだけは今でもはっきり覚えています。

松本育子（54）、会社員、大熊町

未曾有という言葉を初めて知った。千年に1度の、ならば私の人生になんて到底及ばない。楢葉町を脱出する時の大渋滞なんてインデペンデンス・デイさながらだったし、見えない敵におびえる日々はエイリアンが潜む宇宙船に乗り合わせてしまったかのようだった。

NHKアナウンサーが涙で声を詰まらせたり、解説者が激高したりした。そもそも町の避難指示だって「南方面へ逃げてください」という至ってシンプルなもの。嘘でしょう？　何それ！　そんなもん？　呆気なく散り散りになってしまった。

塩井幸子（36）、会社員、楢葉町

地震が起きた日は小学校に避難し、翌日は原発の放射能から逃れるため、中通りの川俣町に一週間避難しました。避難所の夜は寒く、三人で薄い毛布一枚で寝ていたため、足も伸ばすことができず、夜中はいつも目を覚ましていました。

その後、新潟での生活を経て、父の仕事の関係でいわきに来ました。この6号線を下っていけば、私の家に帰れるのに…。それができないことに胸が痛み、戻りたいけど戻れない現実に虚しさを覚えます。原発の放射能、一時帰宅、戻れる日は来るのか、不安な気持ちでいっぱいです。

渡部早織（22）、双葉町

双葉郡の住民は突然の避難を強いられたが、いわき市中心部の平は1Fからおよそ40キロ離れており、政府から避難指示が出たわけではなかった。しかし、市の北端地域は30キロ圏内に含まれており、屋内退避指示が出ていた。1Fで水素爆発が起きると、危険を感じた住民の多くが市外へ脱出した。

3月12日生まれの娘の3歳の誕生日は震災直後でケーキ屋さんが閉まっていた。妻のみっちゃんがホットケーキミックスと生クリーム、フルーツでバースデーケーキを作ってお祝いした。「健康で元気に育ってね」。例年と変わらず笑顔で楽しい夜だった。

14日、福島第一原発3号機が爆発し、周りの空気が一変。市内を出歩く人は帽子、マスク、マフラー、手袋を身に着け、誰が誰だか分からない。まるで（変わった格好をする）新興宗教をやってる人みたいだった。空はどんよりとした雲が覆い、地球が終わるかのような雰囲気。メディア嫌いで家ではテレビをつないでおらず、新しい情報が全く入らない。

「危ないぞ」。埼玉の親せきに言われて初めて、深刻な事態を把握。子どものこともあり15日、車で国道6号を南下した。車には寝袋とテント、非常食、ポリタンクを積んで、とりあえずいわきを離れた。道中、後列に並んだと思ったらガソリンスタンド待ちの列だったこともしばしば。埼玉の親戚の家に休憩なしで14時間かかり到着した。

海野智史（31）、平白銀のバーまきばダンス店主

次々爆発する原発に幼い子がいる我が家は家の中でただ震えていた。逃げようにも車にはガソリンがない。テレビからは被曝しないための対処法が繰り返し流れていた。換気扇に目張りをして家の中に外気が入るのを防ぐ。だが、食料にも限りがあるし、水も出ない。屋内退避はまさに〝兵糧攻め〟だった。室内遊びに飽きた息子に公園へ行きたいとせがまれ、せつない気持ちになった。いわきはもうダメかな…。

写真1－3　ガソリン待ちの長蛇の列。郵便局のバイクも順番を待っている

四国に住む父親から「早くこっちに来い」と急かされる。ガソリンが手に入らないことを告げると、ガソリンを持っていわきまで来てくれることになった。

孫かわいやの父は16時間ノンストップでいわきに到着。車の中には小さめのガソリン携行缶が10個以上積まれていた。20リッター缶が手に入らなかったらしい。休む間もなく、四国へ向け出発した。

国道6号線は、このまま東京まで数珠つなぎかと思えるほどの大渋滞だった。茨城県内もまた被災地だった。歩道に積み上げられた畳や倒れた墓石を横目に、ロバのような速度でひたすら南へ向かった。

サービスエリアのテレビは自衛隊のヘリコプターが原発へ注水する様子を中継していた。祈るような気持ちでそれを見守る。道中、赤色灯をたいた緊急車両が隊列を組んで、何台も何台も対向車線を通り過ぎて行った。今、自分が逃げてきた場所へこの人たちは向かうのか…。

夜が明け、朝日で輝く海が見えた。ふいに、いわきの海と仲間たちの顔が思い出された。背中に遠ざかる故郷を感じた。妻に涙を見られないよう左手で顔を覆いながら、彼らの無事と一日も早い帰郷を、僕は祈っていた。


三好雅弘（33）、居酒屋「チアーズ」店主

4月になると、避難した人々の大部分は、放射線レベルの低下を受けて、いわき市に戻ってくる。いわき市の発表した「平成23年3月13日からの放射線量モニタリング結果の推移について」によれば、同市における放射線の最大値は、3月15日午前4時の毎時23・72マイクロシーベルトである。もし通年でこの値が維持された場合、124ミリシーベルト／年という大変高い値になる。しかし、この数値は数時間のうちに急激に下がり、午後には1マイクロシーベルト程度にまで減少した（年間5ミリ程度）。4月以降、放射線量はさらに減少傾向を示し、おおむね0．20マイクロシーベルト未満（年間1ミリ未満）の値で推移することとなる。

しかし、いわき市民がすっかり安心できたわけではない。低いとは言っても、側溝や枯れ葉がたまった窪地など、局所的に放射線量の高い「ホットスポット」が存在することから、屋外での活動——特に子どもの運動——は大きく制限されることとなった。

放射線（低レベル）が厄介なのは、人間の五感ではまったく感知することができないところにあ

る。色もついていないし、匂いもない。数値で示すことはできるが、その値の健康への影響をめぐって科学者間でも意見の相違が存在する。とりわけ、小さな子どもをもつ母親にとって「何を安全なものとして食べさせるか」は、大きな悩みの種となった。「食の安全」をめぐっては、家族や友人の間でも意見が異なりやすく、しばしば人間関係に亀裂を生じさせた。

原発事故のニュースを知り、子どもたちをなるべく外出させないようにしましたが、家の中にいても不安でした。避難すべきか、とどまるべきか。ニュースでは「大丈夫」。でも知人から「一刻も早くいわきを去った方がいい」とか、「必要最低限のものだけ持って早く避難して」などと聞くたびに心が揺れました。迷った末、事故から4，5日過ぎたころ群馬に避難しました。しかし避難先では長くいられず4月にはいわきに戻りました。いわきは少し落ち着きを取り戻していたようにも見えましたが、今度は食べ物が心配になりました。出荷制限解除になった野菜は「大丈夫」と自分に言い聞かせていましたが、ママ友達から「西日本から取り寄せている」などと聞くと考えてしまいます。

高橋さおり（35）、パート、内郷高坂町

私には、小2・中1の息子がいます。福島第一原発が爆発して、大好きなこの町は汚染されました。

息子の仲のよかったお友達も転校して行きました。3月に入団したばかりのサッカーチームもお休みさせています。子どもたちの健康を考えれば、遠くへ行きたい。探せば、各地で疎開を受け入れてくださる所はある。でも原発がある日本。どこへ行けば安全なのでしょう?大きな葛藤がありましたが、私はいわきで暮らす選択をしました。

夏休みに沖縄での息子達の保養が決まった時は、ホッとして涙が出ました。疎開することを選べない自分を、心のどこかでいつも責めていたから。会えない寂しさよりも、体調を回復し、笑顔で過ごしていることを想像するだけで幸せな気持ちになりました。我慢させていたサッカー、海水浴やキャンプも出来ました。人様の支援でわが子は保養させていただいているのだから、私も役に立ちたいと思い、息子達が帰ってくるまでの間、通学路の除染に取り組みました。

4週間後、たくさんの思い出と感謝の気持ちを胸に、息子達は元気いっぱいの笑顔で帰ってきました。息子達がお世話になったのは「沖縄国際ユースホステル」です。ドイツのボランティアの方々が募金で資金を集めて、実現した支援事業です。感謝の気持ちを胸に、ドイツが2022年までに原発全廃の決断が出来たように、「日本も変えるぞ!」と決意しました。

松本真由美(40)、いわきアクション!ママの会

私は今、佐賀県の鳥栖市という所に小六の息子、小二の娘と三人で住んでいます。親戚も知り合いもいませんが、佐賀県主催の「佐賀きずなプロジェクト」の支援のおかげで、とうとう佐賀までやって来てしまいました。

思い返せば、不安を感じながらの福島での生活。食材選びなど、何かと窮屈に感じてはいたもの

写真1-4　原発事故の影響を懸念してマスク姿で通学する小学生

の、考えあぐねてはまた同じ朝を迎える、という繰り返しでした。類に違わず、我が家も悩みはありました。介護の必要な年老いた母、家のローン、自営のお店、小学校卒業を目前とした息子の転校。枚挙にいとまがありません。

しかし、ある大学教授が講演会で「子どもを大人の犠牲にしてはならない。大人が子どもの犠牲になれ」と話されていたのを聞き、とても感銘を受けました。「できるかできないかの問題ではなく、やるかやらないかの問題」だと気づかされました。ですが、家族がバラバラになり、慣れ親しんだ故郷を離れ、仲間にも会えない。今は何が正しいのか、正直わかりません。でも後悔はしたくない。

今は、九州に来られたのも被災したからこそと前向きに考えています。何事も「よかよか〜」と受け入れてくれる温かさに包まれながら〝普通〟のありがたさを痛感する毎日です。公園からは子供たちのはしゃぐ声が聞こえ、虫捕りに精を出す姿をながめる。娘が摘んできた花を「きれいね」と言って生ける。自然と戯れて初めて人間なんだとしみじみ感じます。

田島早苗（41）、主婦

地元の人々が福島産の食べ物に不安を持っていること

をわかっていながら、米や野菜を作る生産者の気持ちはいかばかりだっただろうか？

幸い我が家は地震の影響が少なかった。沿岸部の田んぼは海水で水浸しになったが、ウチは津波被害がなかった。しかし放射能に侵された。果たして米作りできるのだろうか。検査の結果、この地区は田植えができると判断された。例年より10日遅い5月15日、家族総出で田植えをした。無事に終えたが、どんなコメになるのか気がかりだ。我が家は、残っている家系図によると6代続く農家。先祖から受け継ぐ田んぼのほか、近所の農家から請け負う田んぼで例年は7町歩（7ヘクタール）を親子3人でこなす。今年は風評被害のため、2町歩減った。作業は楽になったが、その分収入も減る。収穫時のコメに放射性物質がどれくらい含まれているだろうか。検査の結果、数値がゼロであればよいが、1でも2でも出てしまえばいくら基準値を下回っても安心はできない。米が売れないとき、国や東電はどんな補償をしてくれるのだろう。鈴木半三（48）、兼業農家、平下高久

農家は、いわき市の線量が全般的に低かったことから、２０１１年も米作りを継続したのだった。一方、漁業はより深刻な状況に直面した。汚染の状況を、共同通信（4月7日）は次のように報じている。

いわき地区船曳網漁業連絡協議会の漁船が7日、震災後初めて出漁し、いわき市沖でサンプルのコウナゴなどを取った。放射性物質は海水で薄まるとされていたが、福島県境の茨城県北茨城市沖

で1日に取れたコウナゴから高い値の放射性ヨウ素を検出。4日に取れたコウナゴからは暫定基準値を超える放射性セシウムが検出された。いずれも福島第1原発の汚染水が原因とみられる。

同じ日の共同通信（4月7日）は、漁業関係者の心情についても報じている。

今は週に2、3回、船出してがれき（処理）と魚のサンプル調査してる。これまでほとんど見たことねえイルカやウミガメなんかがいんの。ウミガメなんて一尋（約1・8メートル）くらいあった。（原発事故の影響で）漁がねえから、増えた小魚追って来てんだっぺね。俺らも早く魚捕りてえな。

中卒で15ん時から船方やってて他に仕事やったことねえもんだから、もどかしくていらんねえ。でも安全でねえど、俺だって子どもに魚食わせらんねえ。兵庫県産とか買ってくるもん。

原発から汚染水を流された時はみんなものすごい怒ったけど、今考えてみっと、爆発抑えるために苦肉の策だったのかなって。海助けっか、地元助けっかで。しゃあねえことだったんだっぺね。

家族6人と妹家族で仮設住宅に隣同士で入れてもらった。子どもたちには「暑い、狭い」なんて言うんでねえって伝えてる。まだ入れねえ人だっていんだから、住まわせてもらってるだけでありがてえって思わねえど。

山ほど物資送ってもらった（福島県）石川町と、一時避難した（群馬県）猿ケ京温泉の旅館「万葉亭」の人にはお世話になったなあ。いつか海に安全宣言が出たら、俺が捕った魚をトラックさ積んで持ってってやりてえの。食ってくんちぇー、ってね。（いわき市の仮設住宅で）

阿野田城次（あのだ・しろつぐ）（51）漁師、いわき市

次の記事も、漁業関係者の置かれた厳しい状況を伝えている。いわき民報社の荒川宏史記者が執筆したものであり、こちらも合わせて紹介したい。

「震災から3カ月、「漁業」ルポ」（上越タイムス、11月6日）

東京電力福島第一原子力発電所からあふれ出た放射能汚染水は豊かな漁場を汚し、県内の漁業に甚大なダメージを与え続けている。「海流により希釈されるから問題はない」などという当初の説明もむなしく、高濃度の汚染は広がるばかりだ。

事故の収束に見通しがつかない中、漁業関係者からは果たして水揚げした魚が消費者に受け入れられるのか、という不安の声が聞こえる。小名浜魚市場では今日明日にも水揚げができる体制づくりを整え、市漁業協同組合の一部でも出漁を9月1日とするなど、前向きな姿勢を打ち出しているが、近海で操業する漁師、仲買人、小売、飲食店、旅館、釣り具屋など、漁業を取り巻く関係者の意見はさまざまだ。

漁師の多くは不安を押し殺しつつ「水揚げしなければ何も始まらないし先に進まない」「たとえ

値段が落ちても水揚げはすべきだ」と語気を強めるが、一方で消費者目線に立った仲買人や小売業者からは「安全か駄目か、はっきり言ってくれないと対応のしようがない」「汚染の状況から2、3年は厳しい」「消費者は今まで以上に産地を気にしている。地物を店頭に出すのは抵抗がある」といった不安の声が目立つ。

漁業にかかわる人たちの収入は現在、努力に関係なく途絶えるか大幅な落ち込みを余儀なくされている。事態は非常に深刻で、東電に補償を求めたとしてもそれは一時しのぎ、根本的な解決とはならない。安心して魚を取り、販売し、食卓に並べ、安全に食べることができて初めて、前へ一歩が踏み出せる。

セシウム１３７の半減期は約30年。ではプルトニウム、ジルコニウム、ストロンチウムは―。陸と違い海では簡単に除染や土壌除去はできない。海にかかわる人たちをはじめ国民全体の不安を解消するためにも、東電や国はこの先何年、何十年、恒久的に漁業を支援し、国民が安全に魚を口にできる根拠、データを提示し続ける義務がある。「ただちに健康に影響はない」なんて言葉で県民、国民にリスクを負わせてはいけない。

最後に、再び双葉郡からの避難者が、一時帰宅の際に吐露した心情を記しておきたい。双葉郡から避難した人々の大半は、当初、数日後には自宅へ戻れると思っていた。しかし双葉郡はその大半が警戒区域となり、住民であっても立ち入りが禁止されてしまう。２０１１年8月、原発事故から5か月を経て、ようやく大熊町への最初の一時帰宅が実施された。

自宅は第一原発から約5・5キロ。昨年3月に2世帯住宅を新築、家族に囲まれ幸せな日々でした。

待ちに待った一時帰宅。昨年の夏に植えたひまわりの種がこぼれ、庭には雑草が生い茂りその中にひまわりが何事もなかったように育っていました。

2時間の滞在中に、(放射線は)高気密の家でもガラスを通すとは聞いていましたが室内は7マイクロシーベルトの数字が出ていました。室外も同じ数字。普段と変わらない青空で地震災害のなかった自宅を見つめていたら、涙が止まりませんでした。

松本育子(54)、会社員、大熊町

富岡町の佐藤しげ子さんの「一時帰宅」という詩をもって、第1章の結びとしたい。

一時帰宅

泥棒みたいな服を着て
泥棒みたいに袋をもって
泥棒みたいにしのび寄る
なつかしさにおののきて
あれも、これも、と

手を出して
触れて見る
一時帰宅は
永久の別れか

佐藤しげ子（83）富岡町

コラム1　ゼミ生たちはその日どこにいて、何をしていたのか？

２０１２年からいわき市へのゼミ生引率を始めたのだが、最初は吉田さん夫妻に紹介してもらった被災者からの聞き取りが主な活動だった。それと同時に、ゼミ生自身に、２０１１年３月11日に何をしていたのかを書き記してもらった。それもまた、後日大切な記録になると思ったからである。

藤井　楓

当時、私は東京ドームシティのラクーアに入っているユニクロでバイトをしていました。地震が起きたときは、ちょうどラクーアに入ろうとしているところでした。隣の26階建ての文京シビックセンターが大きく揺れているのがわかりました。

4階のバイト先に向かうと、スタッフが20名近い買い物客を落ち着かせて、避難指示が出るのを待っていました。その時、どうやら9階のスパから水があふれたようで、窓の外を水がつたって、小さな滝のように流れていきました。

避難で屋外に出て、東京ドームにある大型モニターでテレビのニュースを見ました。そして、東北の惨状を知りました。1時間ほどしてから店内に戻り、落ちた商品を片付けたり、壊れたものがないか点検しました。午後6時に仕事を終えて外に出ると、歩道は大勢の人でいっぱいになっていました。私もその人たちと一緒に歩いて、一時間ほどで自宅アパートに戻りました。

飯田薫野

私は春休み中の旅行で広島にいました。広島焼きを食べていたら、お店の人が「あなた、どこから来たの？」と声をかけてきました。「茨城県です」と答えると、テレビを見るように言われました。自宅からそんなに遠くない大洗港が津波に襲われている映像が目に入ってきました。すぐに家族に電話しましたが、なかなかつながりません。一時間して、ようやく家族とつながり、無事を確認することができました。

翌日が広島旅行の最終日でしたが、交通機関がストップしてしまったため、さらに二日間広島に滞在しなくてはなりませんでした。ようやく帰宅すると、まだ、水道もガスも電気も止まったままでした。私の部屋も、あちこちにものが散乱している状態でした。

Pouleau Marine

その日、私は日本から1万キロ離れたフランスにいました。母から「日本で大きな地震があったそうよ」と聞きましたが、日本では頻繁に地震があることを知っていたので、そんなに心配しませんでした。しかし、しばらくすると、津波や原発事故といった恐ろしいニュースが次々に飛び込んできました。フランスは原発大国なので、多くの専門家がテレビに出演して、日本の状況を説明しました。

当時の私は高校3年生で、4カ月後に卒業を控えていました。そして、高校を卒業したら日本に行くという計画を立てていたので、両親はとても心配しました。「また大きな地震が起きたら、放射線の影響を受けたら、娘はどうなるんだろう」と悩みは尽きなかったようです。私は両親を安心させようと、福島第一原発の状況、日本全国における放射線量、さらに放射線が人体に与える影響などをインターネットで一生懸命調べました。でも、人によって説明が違うので、「今、日本はこういう状況なんだ」と確信することができませんでした。低線量の被ばくが健康に与える影響については、まだまだわからないことが多いということも知りました。

それでも私が計画を変えずに日本に行くつもりだと知って、友だちの多くは「信じられない」という様子でした。最後には、東京ではなく大阪で暮らすということで、なんとか両親の許可をもらうことができました。そして、数か月大阪に滞在した後、ようやく行きたかった東京に移り住むことができました。

最後に、私自身の311を記しておきたい。この文章を改めて読み直すと、地震の発生後しばらくは、東北で何が起きているのかを正確に把握していなかったことがよくわかる（2011年当時のスマホの普及率は15％程度で、私もまだスマホを持っていなかった）。

子島　進

その日、私は文京区白山にある大学の研究室を午後2時半近くに出て、確定申告のため板橋区の税務署に向かっていた。地震が起きたときは、地下鉄三田線の車内にいた。電車の車体が、揺りかごのように前後にゆっくりと、大きく揺れているのがわかった。本当に幸運なことに、電車はちょうど新板橋駅に到着したところだった。急いで階段を駆け上がって外に出ると、電線が大縄跳びしているように揺れていた。

ようやく大きな揺れが収まり、余震も大丈夫そうだと思ったので、私は税務署に向かって歩き出した。ちょうど自宅へ帰る道の途中にあったからである。税務署に着いてみると、大勢の人が並んで順番を待っていた。自分の手続きを終えるのに、一時間ほどかかった。

国道17号（中山道）は埼玉と東京を結ぶ幹線道路であるが、完全に渋滞状態で、バスやタクシーに乗れる可能性はまったくなかった。しかし、17号沿いに歩いていけば、家に着くことはわかっていたので、ひたすら歩いた。一緒に歩いている人の数はどんどん増えていった。

午後5時ごろに、ようやく妻と電話がつながったが、その時はもうほとんど家の近くまで来ていた。帰宅してテレビを見て、津波のもたらした惨状をはっきりと認識した。

第2章　行動を起こした人々

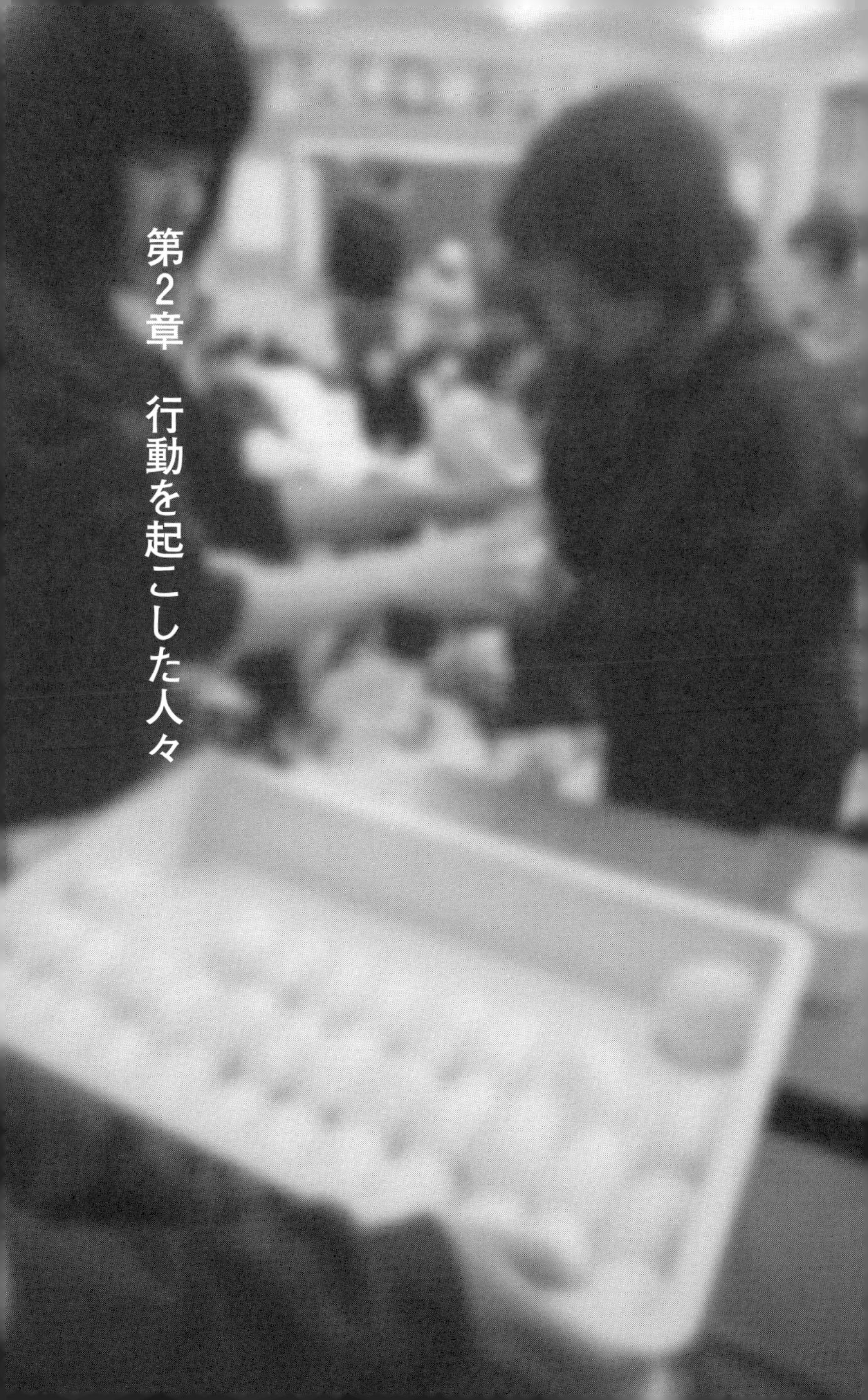

地震と津波で、いわき市のインフラは機能不全の状態となった。さらに原発事故が発生したため、住民はかつて経験したことのない大混乱に陥った。政府から避難指示は出なかったが、事故や放射線量に関する詳しい情報を得ることができない状態で不安が高まり、多くの人々が「より安全と思われる場所」へ向かって、いわきを離れていった。市役所が実施した事後アンケートの結果からは、34万人のいわき市民の半数が市外へ脱出したと推測される（「原子力災害時の避難等に関する市民アンケート調査の結果について」によれば、回答者世帯の約6割が、家族全員もしくは家族の一部が避難したと答えている。有効回収数1，156票）。

いわきを離れた人もとどまった人も、そして避難先から戻ってきた人も、誰一人として例外なく難しい決断を迫られた場面であった。そんな中で、取り残された人々の助けになろうと動いた人たちのアクションや心情を、引き続き『HOPE2―東日本大震災いわき130人の証言』から見ていきたい。

1　メディア

混乱した状況でいわきに踏みとどまった（あるいは逃げようにも逃げられなかった）人々にとって、ローカルな情報は生命線となった。ＦＭいわきのスタッフは、震災直後から文字通り不眠不休の体制で災害放送を流しつづけた。また、その場にいる人が変わりゆく状況を逐次発信できるツイッターも、その威力を発揮することとなった。

写真２－１　災害放送を発信するラジオ局「FMいわき」

ＦＭいわき内は次々入る情報に騒然としていた。大津波警報！　初めて聞くこの言葉に、どれほどの津波が押し寄せるのか、想像もつかなかった。局内で受信する防災無線から聞こえてきたのは「小名浜に10メートルの津波」。私は耳を疑った。

さらに追い打ちをかけるように、私の耳に飛び込んできたのは「下神白保育所、津波で倒壊」の情報。そこは１歳の娘が通う保育所だったのだ。現場にすぐ駆けつけたい。しかし、私には市民に避難を呼びかける義務がある。電話も繋がらない中で、ただただ無事を願った。きっと先生方が避難させてくれているはず。そう信じるしかなかった。

夜10時になったころ、交代の体制が整い、私はすぐに小名浜下神白の自宅へ車を走らせた。依然、家族とは連絡が取れていない。海岸からさほど離れていない我が家は、やはり津波の被害にあっていた。一階部分を波が通過し、人が住める状態ではなかった。避難所になっていた高台の小名浜高校に行く。体育館へ入ってすぐのところに、避難者のリストがあった。そこで家族全員の名前を確認。全身から力が抜けた。

家族の無事も確認でき、私は次の日から2週間、スタジオに泊まり込んだ。15日の朝、扉をドンドンたたく音がした。開けると、相馬地区から避難してきた病院の代表者が、灯油、物資が足りずに患者さんが命の危険にさらされていると、涙ながらに訴えてきた。私たちはすぐさまそれらの提供を放送で呼びかけた。情報の不足が死に直結する。当時の私たちが置かれた状況を如実に物語る出来事だった。放送に呼応して、物資の提供者が見つかる。以後、私たちは「必要としている方」と「提供できる方」を結びつける「掲示板的役割」を担うことになった。

小野岩夫（41）、FMいわき制作部・技術

テレビやラジオなどの既存メディアが取材できない状況でも、その場その場に住んでいる人が実際に目の前で起きていることをリアルタイムにツイッターで情報発信しました。

その貴重な情報を拾っては集め、拾っては集め、僕のツイッターで拡散しました。やがて「○○に住んでいます。情報を提供しますので、広めてください！」や「○○地域の状況を知りたいのですが何か情報はないでしょうか？」など、市内各地から反応があり、情報の橋渡しをすることができました。

7年前、いわきの地域活動に参加し、約2年前からツイッターでいわき市の情報発信を始めました。いずれ、ツイッターで市内の情報をみんなと共有したいとの想いがあったのです。これまでの活動で市内各地の多くの人と出会い、交流があったからこそ今回の震災では、情報を共有、発信することができたと思います。

震災時、ツイッターの呼びかけで物資を集めたり、ガソリンスタンドの営業情報や給水状況を発信。停電や復旧、通信、鉄道や道路などの情報もツイッターをはじめ「Facebook やブログなどで

飛び交い、ソーシャルメディアの役割が明確化したことを目の当たりにしました。ツイッターの可能性を信じて活動してきたことに間違いなかったと思いました。

久野雅巳（33）、いわきソーシャルメディア研究会代表、四倉町出身

いわき民報社の記者荒川宏史さんは、震災当日のことを記事にしている（『上越タイムス』9月11日）。

締め切りを終え、港町の定食屋で遅めの昼食を取っていた。

地震の兆候はなかった。そのとき、ふいに隣りに座っていたサラリーマン風の男性の携帯がけたたましく鳴り、腰を浮かしてうろたえるようすが視界の片隅に入る。緊急地震速報だ。静かな揺れは次第に大きくなった。これはただ事ではない――。定食屋の女性が上ずった声で「どうしたらいいですか」と話しかけてきた。

「外に逃げろ！」

大声で指示して外に飛び出すと同時に、上下左右に激しく揺れる車からカメラを取り出し、周囲の写真を撮り続ける。家の壁が崩れ落ち、信号機が消える。同じく外に飛び出した近隣の住民たちは四つん這いになり、抱きつき、慌てて走り出す。すると近くの工場から「ドン！」という轟音が聞こえた。

「これは長い1日になりそうだ」。冷静に分析する自分がいる。

店員に定食代を渡し、すぐ轟音のした方角に車を走らせる。大きな火事は発生していないようだ。港町の被害を把握するため、さらに車を走らせたその時、ラジオから大津波が押し寄せてくるとの情報が流れた。

津波の規模は、3メートル以上。思わず目を丸くした。到達時刻は午後3時10分。漁港に車を走らせる。大津波なら引き潮があるはずだ。昭和35年のチリ沖地震で、小名浜港は海底が現れるほどの引き潮があったという。しかし、しばらくたっても潮位に何の変化も見られない。到達時刻が迫ってきたため、念のため近くの高台に避難した。高台からは沖合に船を避難させるようすが見て取れるが、時刻を過ぎても一向に津波は押し寄せない。

ふいに海沿いの観光施設のようすが気になり、再び車に飛び乗った。途中で偶然にも幼い娘2人を載せた妻の車とすれ違った。津波は、6メートル規模にまで大きくなっていた。「早く遠くへ逃げて！」と声をかけ、自身は避難する車とは逆方面、海に車を走らせた。

車は津波に流されたが、何とか命は助かった。避難した県の出先機関の建物の上空で、海上保安庁の飛行機が旋回する。辺りは雲が立ち込め、雪が舞い始めた。無線からは、岩手県の3階建ての役場が流されたとの情報が入る。一緒に避難した女性が「ここもまずいですかね」と不安げな表情を浮かべた。家族とも連絡は取れない。

天変地異とはこのことだろうか――。

写真を撮りながら、津波に飲み込まれた港町を呆然と見つめた。

荒川宏史（36）、いわき民報社みなみ支社主任

次ページに掲載したのは、3月12日の夕刊いわき民報の第一面である。写真は荒川さんが撮影したものである。この後も、荒川さんは震災について取材を継続し、多くの記事を執筆している（第1章の漁業関係の記事も参照のこと）。

地元の新聞は一日も休むことなく発刊されていた。しかしながら、現物を届ける必要のある新聞は、原発事故によってガソリンが手に入らなくなると、苦戦を強いられることになった。

緑川一信（56）、新聞販売店経営、小名浜

12日の朝刊を積んだトラックが、通常の時間よりかなり早く到着。余震も続いている中で配達中止も頭をよぎったが、スタッフの「待っているお客さんがいるから配りましょう」の一言に、安全第一を伝えて送り出した。すると、沿岸部担当の配達員が血相を変えて帰ってきた。瓦礫が道を遮り、配達できないというのだ。すぐに私も現場に向かったが、あまりの惨状に身震いした。

その日の午後になって原発が爆発。私たちは雨がっぱにマスク姿で放射能の恐怖と闘いながら配達を続けた。「こんな時までありがとう」と言ってくれるお客様もいたが、人がだんだん居なくなっているのが配達しながらわかった。それでも、残っているお客様がいる限り配達を続ける意気込みでいた。しかし、ついにガソリンが尽き果て、配達できなくなってしまった。

(1) 昭和21年6月1日（第三種郵便物認可） 日刊（日・祝日休刊）

いわき市平字田町63-7
いわき民報社
本 社(0246)23-1666
FAX(0246)23-8275
みなみ支社(0246)75-2202
FAX(0246)75-2205
http://www.iwaki-minpo.co.jp/

夕刊 いわき民報
●THE IWAKI MINPO●
2011年（平成23年） 3月12日（土曜日） 第19744号

いわきで震度6弱

国内最大のM8・8
死者45人 沿岸部中心に甚大な被害

小名浜1、2号ふ頭「アクアマリンパーク」に押し寄せる津波＝午後3時35分ごろ

11日午後2時46分ごろ、東北地方を中心に強い地震が発生し、いわき市では震度6弱を観測した。気象庁は「平成23年東北地方太平洋沖地震」と名づけた。気象庁よると震源は三陸沖で、地震の規模を示すマグニチュード（M）は国内観測史上最大となる8・8。12日午後2時半現在、市内の死者は45人、行方不明者は20人、火災発生件数6件（うち鎮火6）となっている。久之浜地区から勿来地区にかけて、津波が到達。沿岸部を中心に多数の行方不明者が出ているほか、家屋なども相当数が倒壊しているとみられるが、被害の全容はつかめていない。

（2、3、4、10、11、12面に関連記事）

不配のおわび

いわき民報社

片隅抄

▶いわき民報　2011年３月12日（夕刊）

２０１１年3月当時、いわき市には１８００人以上の外国人が暮らしていた。いわき市の国際交流員だったオーシンさんは、日本語がわからない外国人に向け、放射線の危険性やライフライン情報をいわき市のネット上で発信した。

自宅アパートで新潟への旅行の準備をしている時だった。大きな地震を経験したことはなかったけれど怖くはなかった。ところが屋外へ出てびっくり。道路には亀裂が入り、電線が揺れていた。バスに乗ろうとＪＲいわき駅へ向かった。駅前には人だかりがあり数百人から千人近い人が集まっていた。バスも電車も動いていない。みんな「どうする」って話しているのを聞いた。

友人の家で数日間、過ごした。オーストラリア大使館は「原発から80キロ以内に入らないで」と伝えてきた。怖がらせようとしているのか。友達と相談して、「とりあえず３人で明日また考えましょう」と寝た。

１週間後、群馬へ３日間、避難した。いわきにとどまる外国人は困っているはず、と思い直していわきへ戻った。日本語がわからない人に放射線の危険性やライフライン情報を英語に翻訳してインターネットに流した。後日、「助かった」との感謝の言葉を聞いて大切な役を果たせたのかなとホッとした。

オーシン　パトリック　コリンズ（25）いわき市市民協働課国際交流員
オーストラリア・タスマニア出身

2 救援・捜索

情報を懸命に発信する人々がいる一方で、津波に襲われた人々を助けようと、被災現場では地元の消防団や建設会社が動き出していた。いわき市消防本部総務課の大平公規さんは、当時のことを次のように記している（地震と津波と原発と、東日本大震災におけるいわき市消防本部の活動状況）。


ただちに管内被災状況の確認及び被災者の救助活動に入ったが、やがて日没になると情報が錯綜し、沿岸部が尋常でない被害を受けているのは容易に想像できるのであるが、正確な情報はなかなか把握できない状態であった。

翌3月12日の夜明けとともに、津波ハザードマップを利用し、沿岸地域を17区域に分け、可能な限りの人員を総動員し、応援にきた緊急消防援助隊の静岡県隊及び自衛隊員とともに、救助・捜索活動を実施。

その後、行方不明者の多い地区に重点を移し、活動は延べ24日間に及んだ。

捜索活動においては、地元消防団との連携が重要であった。案内人無しではすべての家屋を確認していくことになり効率が悪い。その点地元消防団に案内していただけると、「ここの家は空家」「ここの家人は、避難所にいた」「この家には70歳代のお婆さんが住んでいたが、誰も見かけていないようだ」等の情報が入り、効率的に捜索することができる。

つづいて、豊間の消防団の動きを見ていきたい。

（注：地震後）区長を隣に乗せ、避難を呼びかけていましたが、私は娘のことが心配でなりませんでした。区長に事情を説明し、豊間小に寄らせてもらいました。娘の無事を確認でき、任務に戻ろうとした時です。豊間の海に繋がる道の向こうから、煙が見えました。火事と思ったのですが、それは倒壊した家屋の砂埃でした。間もなく津波とともに家々が流されて来るのが見えました。薄磯方面にも戻ることができず、完全にそこで孤立してしまいました。防災無線で相馬に10ｍの津波到来の情報が入ったので、すぐに校長に子供たちを校舎3階に避難させるようお願いしました。

車が動かないため、徒歩で瓦礫と山道を抜け、県道沿いのレストラン「福仙」の前の空き地に移動しました。そこで次々集まって来た団員と対策を練りました。その日は負傷者の搬送、取り残された方の救出、避難所までの誘導、避難所への毛布・非常食の配布、道路の封鎖などを徹夜で行いました。

津波が去った後の豊間地区は悲惨な状況でした。命からがら瓦礫の山に登ったものの、下りられなくなっていた方を畳などで足場をつくって救出しました。次の日からは行方不明者の捜索が連日続きました。

吉田和美（42）消防団員

行方不明者の捜索に当たる消防団員（最大時で40名）に、店の大広間を詰所として提供した安竜さんは次のように語っている。

停電、断水の中での生活はまるでキャンプ場のようでした。暗闇の中、落ち葉の浮いた井戸水をタオルで漉して飲み、防火水槽の水をポンプ車で汲み上げて、洗い物やトイレに利用しました。朝になると、行方不明者の捜索に出かけるのですが、夕方、帰って来る頃には、疲れきって、皆さんボロボロの状態でした。悲惨な状況を目にしてきたのでしょう。しかも、そこは皆さんが慣れ親しんだ地元です。うつむいて、誰も口をきこうとはせず、心に傷を抱えているようでした。
少しでも元気になってもらえるよう冷蔵庫にあった食材で料理を提供させていただきました。体が温まり、お酒が入ると、少しずつ、ぼそっぼそっと話し始めていました。その後は努めて明るくしているように見受けられました。そうでもしなければいられなかったでしょう。

安竜博（50）、「福仙」オーナー、豊間

いわき市消防団第7支団の渡部義和さんは当時の状況を、次のように語っている（『消防団の闘い――3・11東日本大震災』に掲載。同書は、2011年7月から10月にかけてのインタビューをまとめたものである）。

第7支団は、被害の大きかった久之浜を担当地区としている。渡部さんはポンプ車に乗り込んで住民に避難の呼びかけを行っているところを津波に襲われた。幸いにも、入ってきた水とともに空いていた窓から車外に放り出され、九死に一生を得ている。その後も、以下のように休むことなく避難の誘導や救出活動に従事したのだった。

3月14日以降は、行方不明者の捜索が中心になった。3月22日に4人、23日に7人、24、25日には2人ずつ、26日に3人、いずれも遺体で発見した。行方不明者の数は当初33人だったのが、日を追って増え、27日には43人に増えていった。

第7師団は消防団本部からの要請を受けて3月28日には原発事故による避難指示地域内で行方不明者の救出や捜索活動を応援した。管轄外の地域のうえに、放射能から身体を守る防護服を着用しての作業だったので緊張した。行方不明者2人を遺体で発見したが、このうち、1人は元消防団員だった。

3月29日からは再び、地元での活動に復帰した。力を注いだのは、盗難防止だった。第7支団では、6台のポンプ車が津波にさらわれた。しかたなく、隣接する消防団から融通してもらった1台を運転して、管内を1名で巡回した。住み慣れた地元とはいえ、すっかり変わり果てて人影もない管内は不気味だった。護身用に座席の脇には木刀を用意した。住民たちの有志が自警団を結成して見回りに当たり始めたと聞き、夜間の巡回を2日間でやめることにした。

[渡部2012：256]

地元の建設会社も、行方不明者の捜索や救援物資の運搬に携わった。

穏やかな春の日。薄磯の道路工事をしていた時、「マルケンでよろしく頼むヨ！」と大きな声。「はいよー。分かりました」。これが山野辺区長さんとの最後の会話となった。

その2日後、未曽有の大震災。大津波で区長さん夫婦が帰らぬ人となってしまうとは、だれが想像できただろうか。

火災もあり手の施しようがない中、地元消防団や有志の人たちが必死に行方不明者を捜した。自分が半世紀以上もお世話になった沼ノ内、薄磯、豊間地区の人たちが消え、街並みが一変してしまった。

一刻も早く何とかしなければ、と従業員たちと重機を搬入し、道路の確保と不明者の捜索に当たった。気持ちはあせるばかりだったが、すでに何人かの人たちが発見されていた。

無残にもがれきの中から見つかり、砂にまみれたままの遺体が横たわっていた。せめてもの気持ちで近くにあった布団を敷いて安置させました。

自宅に戻り、ポリタンクで井戸水を運び、砂まみれの遺体の顔を洗い流すことしかできなかった。一緒にボランティア活動したシゲルさん、○○商店の親父さん、○○のおばちゃん……。

どの顔も知っている人ばかりで涙が止まらなかった。それでもまだ百人以上は行方不明者がいるとのこと。1人でも早く見つけようと皆、必死だった。遺体を傷つけまいと注意しながらの作業は、本当に疲れ、辛かった。

志賀健一（65）、マルケン産業代表

夕方、市の災害危機管理担当者から、各避難所への救援物資運搬の要請を受けました。避難所へ向かう途中、道路の真ん中に船が横たわり、漁具が散乱し、人家が道を塞ぎ、あらゆる物が変わってしまった光景を見ました。

避難所には、難を逃れた小さい子どもやお年寄りが集まっていました。余震が続く中、恐怖におびえながらも私たちが運んだ救援物資を有難そうに受け取りました。その時、私はこの人たちをどうにかしたい、何とか助けてあげたいという気持ちに駆られました。

井戸川一栄（46）、山木工業

東日本大震災が発生すると、自衛隊は10万人体制を構築し、総力を挙げて任務に取り組んだ。人命救助・行方不明者捜索から物資輸送、生活支援まで、その活動は多岐にわたった。いわき市には、陸上自衛隊第８普通科連隊ほか複数の部隊が派遣された。

鳥取県米子市に駐屯する陸上自衛隊第８普通科連隊は、いわき市の救援・復旧活動の任務を帯び、３月21日から６月10日までの間、行方不明者の捜索活動、物資輸送及び給水・給食支援を実施した。

行方不明者の捜索活動は連日大きな余震が続くなか、４月下旬まで実施した。ご遺体を発見、収容支援、合掌。隊員の中にはその光景に目を向けられない者もいた。現場の指揮官たちは「俺たちがやらなければだれがやるんだ」と隊員を叱咤激励し、地道に活動を続けた。

平競輪場に集積された膨大な支援物資は各支所・避難所へ届けた。その際「何かお困りのことは？」とニーズを確認する。ただ救援物資を送り届けるのではなく、コミュニケーションを図った。昼食の炊き出しや給水の時も被災者の目線に立った温かい支援を心掛けた。

岸本誠（45）、陸上自衛隊第8普通科連隊

市役所職員の柳沢さんは、第8普通科連隊と3か月にわたって一緒に過ごした。柳沢さんが印象に残ったエピソードの一つとして挙げているものを紹介する。

発災からの数週間は、行方不明者の捜索に早朝から出発していきました。瓦礫の中から遺体が発見される毎日で、隊員にとっても苦しい時期でした。日々訓練を行っている隊員であっても「人の死」を間近にするのは、親族の葬式ぐらいで、今回の災害派遣で初めて「人の死」に直面した若い隊員もいました。

捜索活動は難航を極めました。鋭気に溢れた表情で早朝出発していくものの、夕方、宿営地には、疲労困憊で戻ってきました。

夕食をとり、その後は各自の簡易ベッドで休むしかありません。娯楽や贅沢は全く存在せず、宿

写真2－2　重機を使ったがれき撤去作業（山木工業）

営地では食事と睡眠だけなのです。

そんな中、夜も更けると、毎日同じ光景が簡易ベッドの周りで見られました。どの隊員も毎日履く黒い革靴を明日の活動に備えて磨くのです。

汚れを落とし、靴墨を塗り、黒光りするほど磨きます。なぜ、毎日そこまで靴磨きをしているのか。当然、物を大切にする心を持つため、隊の連帯感を持つために行っているのでしょう。しかし今回の災害派遣ではさらに特別な意味がありました。

「行方不明者の捜索は、大変ですよね」と軽々しく聞いた私の質問に、１人の隊員はじっと目を見てこういいました。

「行方不明者捜索は、我々に与えられた崇高な仕事です。遺体が近くにおられる現場に汚れた靴では失礼になります」。

そう言うと磨く手にさらに力が入りました。

柳沢潤（37）いわき市公園緑地課

3　小売業・飲食店

原発事故の発生後、物資が届かなくなったいわきで住民が一番必要としていたものは、食料や生活必需品だった。次々と降りかかる困難のなか、この切実な要望に応えようと、小売の現場はそれまでに培ったネットワークを駆使して、可能な限りの商品を集めた。

（注：あの激震が襲った時）各店舗の従業員、お客様はどうなっているのか。これが真っ先に頭に浮かんだことでした。すぐに、その場にいた店舗開発の役員が状況確認のため、全店に向け車を走らせました。マルトグループは食品、衣料、薬品等を合わせると、全部で80店舗になります。その全てに多大な被害があるということがわかりました。電気・ガス・水道が止まり、棚からは商品が崩れ落ち、冷蔵ケースは破損、天井が一部落下していました。2、3店舗を除き、営業は不可能な状態でした。幸い、従業員とお客様にケガはありませんでした。

なんとしても店を開けなければならない。開店可能な店舗は、一部入場制限しながら当日の4時半に営業再開しました。翌日からは全店で駐車場での販売を開始しました。商品はレトルトのご飯、水、カップラーメン等リストにある震災発生直後に必要とされる品目に絞り込みました。しかし、レジもない状況で長蛇の列のお客様をさばくのは大変でした。計算の手間を省くため、均一販売を実施。それでも大変なので、あらかじめ需要の高い商品を袋詰めにして販売するなど、各店舗の店長の判断で臨機応変に対応しました。ですが、震災の影響で受発注が機能していなかったため、2日間で在庫がなくなってしまいました。そこでバイヤーが直接メーカー様に交渉。さらにマルトが加盟する「CGCグループ」のネットワークを駆使して、なんとか商品を調達することができました。

ところが14日の午後、状況は一変しました。「福島に入るなと、会社に言われている」と配送ドライバーからバンバン電話がかかってきたのです。原発事故の影響でした。商品が届かなくなってしまいました。

これからが大変でした。私たちは、自らトラックを出し、ドライバーが来られる限界という水戸まで商品を取りに行くことになりました。しかし、タンクローリーもいわきに来なくなったために、ガソリンが入手困難に。なんとか手を打つべく、あらゆるところに電話をかけまくりました。すると、取引の無かった丸浜運輸の社長が「わかった。ウチのトラックはいつでも満タンにしてあるし、社員も家にいるから協力するよ」と言ってくれました。同様に市内の運送会社数社の協力がありました。これが、いわき市の命をつないだようなものです。

しかし、今度は店長たちから「従業員が避難してしまって、店が開けられない」という連絡が入りました。14日の爆発で営業している小売業者はほぼ皆無でしたから、なんとしても店を開けたい。そこで営業を大型の５店舗に絞ることに。従業員も普段勤務する店ではなく、自宅から最寄りの店に出社するよう、急遽、配置換えをしました。人手不足と聞いて、手伝ってくれる従業員の家族もいました。なかには避難所から通ってくれた家族もいるほどです。本当に助かりました。

安島誠人（50）、マルト代表取締役専務

（注：地震の）翌日、店には食料を求めてたくさんのお客さんが来た。だが、二度目の爆発でいわきの一部にも屋内退避が出た十五日、残った物資を車に積み込んで店を閉めることにした。屋内

退避の広報車が走っている以上、動けなかった。相変わらず、テレビが静止画のように原発を映していたが、いわきのニュースは流れてこなかった。地元の「FMいわき」だけが情報を流し続けていた。

爆発から三日目、店を再開。個人やボランティアグループから支援物資が運ばれてきた。

四月からは熊本のボランティアグループの資金提供で、六つの避難所に毎日食材を届けた。思いがけない支援金や実際のボランティア活動の支援があった。さらに、全国各地からいわきを支援したいと連絡が来て、毎週末全国の販売会に参加させていただいた。その資金は日本財団が提供してくれた。

松崎康弘（54）、農商工連携プロデューサー（スカイストア）

松崎さんは、その後「オリーブプロジェクト」を展開させていくこととなる（第3章参照）。つづいて、同じスカイストアから菅沼店長の話である。

翌日、片付けのために店を開けると、食料を求めてお客様が入って来られる。少しでも役に立てるならと思い販売を続けたが、すぐに商品は底をついた。2日ほどすると関東方面から商品の提供を受けることができ、また販売を始めることができた。スーパーもコンビニも閉まっていて何も買えない中、米や野菜、果物、飲料水はもとより、洗剤やミルク、オムツ、トイレットペーパーなどの日用品も扱った。また、市からの要請で炊き出しも始めた。水が出ないので近くの給水所から水を汲み、米を炊いて避難所向けにおにぎりを作った。支援物資も届き始め、ボランティアの手を借りて仕分けしたり避難所へ届けたりした。

原発の事故の影響から野菜の出荷自粛、規制により、農家の生産物が入らなくなった。また津波で海産物の加工業者が壊滅的な打撃を受け、そちらからも商品が入ってこない。片っ端から生産者に連絡を取り、規制のかかっていない物を納品してくれるように頼んだ。店でも線量計を手に入れて風評払拭に努力した。

菅沼延友（61）、スカイストア店長

あたたかくおいしい食べ物を提供する店を開けることが人々を元気づける（そして自分にも元気をもたらす）との信念から、早い段階で飲食店を再開した人々もいた。

（注：開店初日に被災）。復興までの間、グループ店の全社員が炊き出しをしました。「今、できることは何か」を考え、イベント時に使う大鍋でパスタを作りました。メルマガで情報を発信、被災された方々に提供しました。

店を再開できたのは３月29日。再オープンというより、新しく出発するという思いで気持ちを切り替えました。余震が続き心配の毎日でしたが、来ていただいたお客様に精一杯の接客をすることを心掛けました。

吉田順一（28）、パルミジャーノチーズ&もちもち生パスタ「CIAO」店長、内郷御厩町

（注：店内はめちゃくちゃになったが）水さえ出れば何とか頑張ってすぐにでも営業を再開しようと気持ちを切り替えました。長年の付き合いで、魚は東京・築地から仕入れることが決まりました。マグロ屋の社長さんからは「親方、魚は任せてください。俺たちが買い付けします」とのありがたい言葉を頂戴しました。

しかし築地からの運搬方法がありません。ガソリン不足で自前では難しく、宅配便は原発事故でいわき入りを拒みました。水戸までなら届けるそうです。そこでガソリンを何とか調達し、水戸で宅配便から荷物を受け取りました。

19日には水が復旧したこともあり、被災してから11日目の夕方、店を再開することができました。のれんを出して1時間もすると、1階は40名のお客さまで満席に。黒板には築地直送のおすすめ魚の案内。久しぶりの生ものでお酒を飲む皆さまの笑顔がありました。

石井定三（57）、田村寿司代表取締役、平

三号機の爆発で家族のいる長岡に避難せざるを得なくなりました。ですが、長岡では何もすることがない。テレビでいわきの街がゴーストタウンとなっていることを知り、ショックを受けました。何も出来ない自分に虚無感を覚えました。

新潟でもラジオ福島を聞いていましたが、そこで長崎の大学教授が「今の放射線量は大丈夫です！皆さん、落ち着いて行動しましょう」と話していた。いわきに戻って商売をすることが自分に出来ることだ！　そう確信しました。

家族と話し合い、「子供達をむやみに外に出さない。何かあったらすぐに避難できるようにしておく」などの決め事をつくって、いわきに戻って来ました。途中で食料や店の食材も調達しました。すると、帰って来たその日に水道が復旧したのです。再オープンが3月25日の金曜日。ちょうど、震災から二週間後でした。まだコンビニもガソリンスタンドもほとんどやっていませんでした。正直、お客様が来るか分かりませんでした。でも、「いわきの町を元気にしたい！明かりを灯すのが自分の使命なんだ」と自分に言い聞かせ、店を開けたのです。

ビックリしました。５時の開店と同時にたくさんのお客様が来店されたのです。「店を開けてくれてありがとう」「久しぶりにあったかいご飯食べた」と、お客様に感謝の言葉を頂戴しました。

正木聡（40）、やきとり大吉平大町店長

復旧に携わる人々の後方支援に当たった人もいた。

断水してたから喫茶店のほうはさすがに開けらんなかったけど、弁当の配達は１日も休まなかったかんな。避難？そんなの俺らは関係ねえよ。１日２回、水道局まで水汲みに通ったよ。ゴミ袋と（調理用の）ボールのでかいやつに水入れてな。配達先は市役所、水道局、葬祭場とか。仕入れがストップしたから、出来るものは限られてたけどな。おにぎりと煮物、冷蔵庫の在庫で作る揚げ物とか。１日４００〜５００人分は作ってたよ。いつも９人いるスタッフは半分しか集まんなかった。

――けど、大したものは作れなかったから別に大変じゃなかったよ。

鈴木融（65）、喫茶店経営――

4　医療・福祉関係

地震と津波によりライフラインが破壊され、さらに原発事故の影響で流通が滞ったため、多くの病院が機能を停止した。妊婦が分娩を断られ、患者が退院を迫られるという異常事態が現出し、医師や職員も次々に避難した。この緊急時に、残った医療・福祉関係者はどのような行動を取ったのだろうか。


（震災後）すぐに断水、停電、電話もつながらなくなりました。仕方なく12日は休診。14日には電気が復旧しましたので、ペットボトルの水と給水所の水で午前中の診療ができました。

ところが15日になると原発事故の影響でガソリン不足となり、放射能の問題が出てきて事務員も看護師も出勤してきてくれません。私ひとりではどうにもならず、15日から1週間は電話相談に応じる態勢にしました。22日からはガソリンも手に入れやすくなり、看護師も避難先から戻ってきましたので、診療再開ができました。

福田由美子（64）、福田小児科医院、平下荒川

出産予定日2日前の15日。一抹の不安を抱えながら出社していた私に、妻から電話があった。「病院から分娩断られた。他を探してくれって」。私は興奮し、すぐに電話で猛抗議。「どーなってるんだ。1時間前は問題ないって言ったじゃないか。きちんと説明しろ」と妻を連れて病院へ向かった。

決定が覆らないことは分かっていたが、腹の虫が治まらない。1人分の分娩ならなんとか対応してくれるかもしれないという淡い期待もあった。しかし病院へ着くと、怒りさえも消えてしまうほどの光景が広がっていた。

ガソリン不足や自主避難で残り少なくなったスタッフが総動員で妊婦さんを運び出していた。分娩自体が非常に危険な方や分娩直後と思われる妊婦さんもいた。院長先生も汗まみれになって走り回っていた。

私たち夫婦のことなど、まるで目に入っていないかのようだ。そこですぐに頭を切り替え、他の病院を探すことに。会社の先輩などからの情報を元に、分娩依頼の電話を掛けまくった。市内12の病院のうち、受け入れてくれたのは佐藤マタニティークリニック（佐藤英二先生）だけだった。

木田賢治（30）、好間町の会社員

毎日のように出産があった。（注：周囲の人々の尽力によって、病院は）ライフラインが確保されているので、診療は一日も休まず続ける事ができた。ところが職員たちは大変な状況の中にいたのである。ライフラインが切断され、自分以外の家族は全員避難してしまったという職員もいた。

そこへ原発の放射線障害の恐れが出てきた。わたしの所へも数人の友人から「おまえも早く逃げろ」という電話が掛かってきていた。そう言われて、わたしはオロオロとしていた。東海村のJCO事故で放射線を受けた人間が、どのようにして死んでいったかを知っていただけに、そんな死に方はしたくないと思った。

その様子が伝わったのだろう。職員たちから緊急ミーティングを開いて下さいという声が上がった。職員たちもみんな追い詰められていたのだろうと思う。「診療は続けるのですか」と問われたとき、私は驚いた事に、うつむいたままでボソボソと、「医療に従事している人間はその責務を果たさなければならない」と言ってしまった。一瞬、みんなシーンとしてしまった。私もどうしてそんな言葉が口から出てしまったのかわからなかった。すると、若い看護師がみんなで頑張りましょうと声を上げげた。

だが、数日後には4名が脱落した。避難していなくなってしまったのだ。残りの22名のなかには、ガス欠のため徒歩で長距離を出勤する者も数名いた。みんなよく頑張って仕事をしてくれた。

近隣の医師たちも避難してしまった者たちが多く、外来診療はめちゃくちゃな状態に。今まで診たこともない老人男性や、小児が数多く来院し、ものすごい数の外来患者数になってしまった。また、NHKで診療しているというテロップが流れ、それを見て来たと言う患者さんもいた。嬉しかったのは、診療がんばって下さいと個人で救援物資を届けてくれた人が何人もいたことだ。おかげで物資不足になることなく、診療を続けることができた。

その後、避難した4名の職員は職場に復帰し、今も診療に従事している。

佐藤英二(60)、佐藤マタニティークリニック院長、勿来町

内郷に事務所がある訪問看護ステーションの代表をしています。職員が3人の小さな事務所です。私以外の職員は小さい子どもがいるため市外へ一時避難。3月15日から8日間は医療依存度の高い利用者と独居の利用者を優先して、1人で対応できる範囲で訪問しました。

震災直後は多くの利用者が不安な思いを抱えていたようです。電話が不通のため連絡ができずに遅れて訪問したところ「どうして早く来てくれなかったの」と言われました。その日の内服薬がない、薬を取りにいけないなどの不安からでした。

発熱した別の利用者は、手持ちの抗生剤等がわずかしかなかったため不安になってパニックになったようです。薬を取りに行くにもガソリンがなくて行けない、さらにいつも利用している薬局が閉まっている状況でした。

小松京子(56)、訪問看護ステーションぱれっと所長、内郷綴町

私たちの法人には、特別養護老人ホームひまわり荘、ケアハウス日の出荘、介護老人保健施設ニツ箭荘、児童養護施設育英舎があり、全体で入所者250余人、従業員約200人の大所帯である。この全ての施設で断水した。まず飲料水、トレイの水の確保に奔走。井戸水を飲料水に、ため池からトイレの水を汲んだ。3日間で非常食が底をつき、コメは農家から、卵は夏井の養鶏場で、野菜は郡山の降矢農場（水耕栽培）まで行ってバス1台分寄付してもらう。

肉は、緑屋さんから提供して頂く、といった具合に、理事、従業員、支援者が一体となって調達

した。その後、ガソリンがなくなり、あらゆる流通がストップ。いわき市は陸の孤島状態になった。ここに原発事故が追い討ちをかけ、12日の第1原発第1号炉の水素爆発以降は、見えない放射能への不安が一気に恐怖に変わり、双葉地方は住民の緊急避難指示によってゴーストタウンとなる。いわき市の人々も、怒涛のように自主避難し、街から人影が消えた。

この間、双葉の病院の患者が、避難できず置き去りに。翌日やっと自衛隊によって救出避難したが、十数人が生命を落とした。このテレビ報道を見た入所者から「理事長！我々を置いて先に逃げないでくれ」という悲痛な叫びを発するほど、不安と動揺が広まった。

またある人は、避難所の光景を見てか「ここは、3度の食事もあるし、従業員も親切だ。避難は絶対にしないでくれ」と哀願する。原発事故の不安は入居者だけではなかった。多くの市民が避難していく中、介護現場の従業員も、家族や子供の心配も重なり、3割近くの人が自主避難した。

そんな中、介護現場を守る使命を果たそうと残った人々は、家にも帰らず、泊まり込み、必死に頑張った。私は、この姿に感動して涙した。14日～15日にかけて、3号機の水素爆発があり、事態の深刻さは頂点に。避難を覚悟した。

15日の未明に、施設全体の「避難計画」を作成した。避難は入所者、従業員とその家族、理事者が同時に避難する。避難先は、介護施設がふさわしい立派な施設やホテル等を確保するように市を通じて国に要請した。

早速、計画を現場に指示し、いつ何時でも避難できる万全の準備を進めた。施設のバスや車のほか、東日本国際大学や幼稚園等の協力を得てそろえた。1台ごとに運転手、乗車する人を決め、ガソリンを満タンにして、施設の前に待機させた。

この計画を入所者と従業員に説明した。万全の準備を見て、みんなの動揺は収まったようだった。幸いなことに「避難指示」は出なかった。この悪夢を乗り越えて、入所者、職員、理事者の間の信頼は、かつてないほど深まった。そして、今回ほど人の命を預かることの重さを痛感したことはない。


鈴木久（71）、社会福祉法人昌平黌理事長

震災後、私たちが第一に考えたのは、地域で生活している障がいをもった方々に、どこまで個別に支援できるかだった。

しかし、断続する余震、スーパーの大行列、断水、原発の爆発、ガソリンの枯渇と、困難が次々と立ちはだかり、支援の限界を思い知らされた。

そのため、私たちの法人を利用している障がい者の方々には、法人の施設へ避難してもらう、あるいは市内に設置された避難所で過ごしてもらうしかないと考えた。そうすれば、水も食糧も当面は問題ないとの判断からだ。しかし、原発事故による見通しの立たない状況は障がい者だけでなく、私たち支援者をも不安にした。体育館に雑魚寝の避難生活で良いのか。市民が福島を離れていく中、彼らにも避難したいという気持ちがあるのではないか……。

有難いことに、神奈川県と長野県の施設で、避難を受け入れて頂けることとなった。神奈川への第一次避難は、小名浜港からの船での移動となった。船は大変に揺れ、障がい者だけではなく、付き添いの職員も船酔いにやられた。ある職員はあまりのつらさに泣いた。

（避難先では）みんな、余震の恐怖からも解放され、元気を取り戻していた。「いつになったら帰れるのかな」と不安をこぼすこともあったが、そこでの生活は避難所とは比べ物にならないほど快適であったと思う。また、なるべく震災前と同じ生活ができるよう、日中活動の場も用意して頂いた。自分たちの業務だけでもお忙しかっただろうに、この恩は感謝してもしきれない。

相川朋生（30）、いわき福音協会障害者総合生活支援センター

5 学校・公民館関係者

津波に襲われた沿岸部の人々は、近くの学校や公民館などに避難した。教員や職員は、突然「避難所の運営」という大役を担うことになった。最初に登場する小名浜高校は、海岸から1キロも離れていない場所にある。

余震が続き、生徒たちを昇降口前に集めた。保護者へ連絡を取らせたが携帯がつながらない。ラジオが大津波警報を告げるが、本当に津波が来るとは思いもしなかった。地域の人々が次から次へと高台の高校に避難してくる。その数、最大で約600人。教員は避難者を体育館へ誘導し、雪が降る中、学校中の毛布や衣類、畳、ストーブをかき集めた。

津波が高校の下までやって来た。深さは1メートル50センチはあっただろう。濡れながら逃げる人たち、流されてくる車やがれき、何が何だか分からない状況でやっと家族のことを思い出した。私の家にも津波が来るかもしれない。公衆電話がかかりやすいと聞き、長い列を並び電話家をかけ、夫につながった。「学校の下まで津波が来ているから、家も危ないかも。娘を連れて逃げて。私は学校が避難所になっているから帰れない」と告げて電話を切った。

大津波警報は解除されず、夜は更けていく。校長先生が持ってきてくれたお米で炊き出しをした。学校には貯水タンクがあり水が出たので、小さなおにぎりを作った。卓球ボール位の大きさだったが、みんな「ありがとう」と喜んで食べてくれた。その夜は交代制で仮眠をとりながら、避難所の運営にあたった。

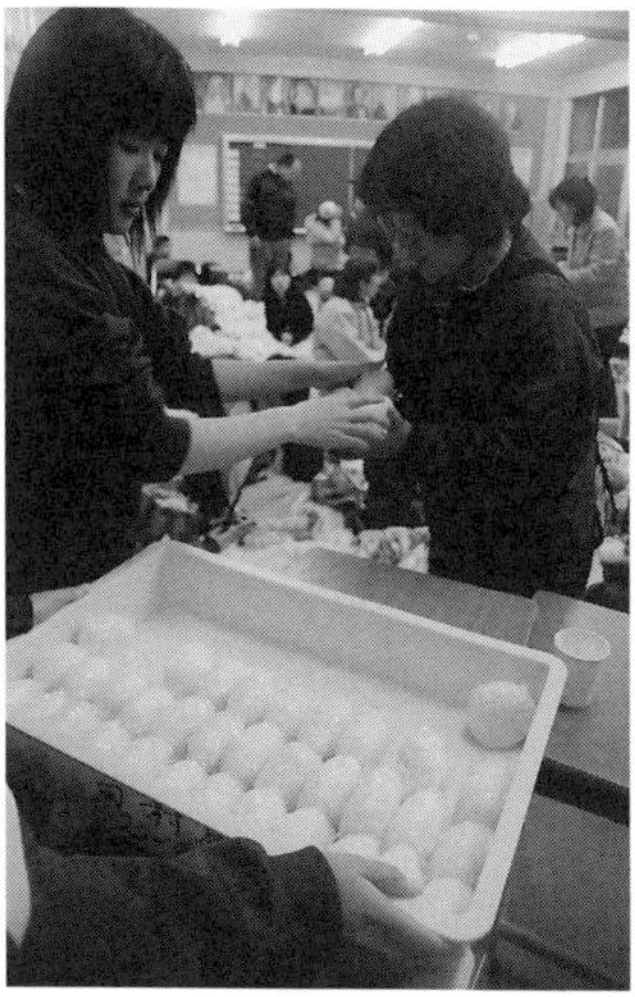

写真2－3　避難所でおにぎりを配る中学生

次の日も食料がなく、津波の恐怖に怯えながら自宅に戻った。お米やみそなど使えそうな物を学校に持ち寄り、炊き出しをした。3日目からは食料が入るようになったが、今度は水が止まった。そんな時、塙町の夫婦が水を届けてくれた。善意に感謝し、少ない水でご飯を炊いた。

トイレはプールの水をくみ上げてバケツで流した。若い男の先生がバケツを持って何回もプールとトイレを往復した。それぞれができることを必死にやった。

鈴木理恵（32）、福島県立小名浜高校教諭

豊間の三浦雅人・康子さん夫妻からは、子島ゼミとして初めていわきを訪問した2012年6月に、避難所での生活についてお話をうかがっている。東京電力の下請け会社に勤務していた雅人さんは、地震が起きたとき、第一原発の構内で作業をしていた。津波が来る前に原発構内から退避し、5時間かけて豊間の自宅に戻り、康子さんと合流。その夜から15日までは、近所の小泉工業の宿泊所に、約100人の住民とともに避難した。

3月15日、総勢77名で藤間中学校の体育館へ移動し、5月2日までそこで避難所生活を送った。この間、何を食べていたのかを中心に、三浦さんは毎日記録を付け、それをいわき地域学會の雑誌『潮流』に発表している。3月21日までの、避難所での最初の一週間の食生活を見ていきたい［三浦2012］。この記述からは、特に最初の1週間、避難所での食事がきわめて質素なものだったことが理解できる。

3月15日
昼食：パン1個、お茶1本。
夕食：パックご飯1個、トマト2個、薩摩揚げ1枚、かまぼこ2切れ。

18日まではご飯を温めることができず、冷たいまま食べていた。

3月16日
朝食：パン1個、お茶1本。
昼食：パン1個、お茶1本。
夕食：パックご飯1個、煮魚（差し入れ）、かまぼこ、みそ汁（自炊）。

3月17日
朝食：パックご飯1個、漬物、トマト2個、かまぼこ、みそ汁（自炊）。
昼食：パックご飯1個、お茶1本、トマト2個。
夕食：カレーライス（自炊）。

3月18日
朝食：パックご飯1個、トマト汁、かまぼこ、薩摩揚げ。
昼食：パン1個、トマト、お菓子。
夕食：おにぎり3個、みそ汁、いちご5個。

3月19日
朝食：雑炊
昼食：ご飯（自衛隊にて炊飯）、雑炊、かまぼこ。
夕食：おにぎり1個、煮物、いちご。
　夕食後に、いわき市の対策本部から、おにぎり600個、アンパン1200個、水67リットルが届く。これ以降、支援物資は滞りなく届くようになった。

3月20日
朝食：おにぎり3個、みそ汁。
昼食：パン3個、みそ汁。
夕食：ご飯、シャケ汁、漬物。

3月21日
朝食：パン、お茶1本。
昼食：おにぎり2個、お茶、魚肉練り物1パック。
夕食：弁当（メンチカツ、もしくはコロッケ）、栄養ドリンク1本。

つづいては、中央台公民館と湯本二中の様子である。どちらも、豊間や薄磯といった被害の大きかった沿岸部から数キロ内陸に位置している。

外出中に地震に遭い、すぐに勤務先の公民館に戻りました。公民館の外には、施設を利用中だった市民の方と職員が、興奮冷めやらぬ様子で集まっていました。私は情報を収集しようと努めましたが、テレビ、電話、インターネットすべてが駄目で、まったく状況がつかめないでいました。そうしているうちに、3時30分頃、豊間から車で来た老夫婦が「津波警報が出てるので、落ち着くまでここにいてもいいですか？」と言ってきたのです。最初の避難者でした。当公民館は避難所に指定されてはいませんでしたが、受け入れないわけにはいきません。館内で休んでもらいました。

その夜、沿岸部の方が次々にやってきました。4時の時点で30人。9時になると倍に。日付が変わって1時になると100人。朝を迎えたころには200人に膨れ上がっていました。その日から公民館職員と避難の方々との3か月に及ぶ共同生活が始まったのです。

初めの3日間は、避難されてきた方も眠れなかったようです。復旧したインターネットを使って見た各地の様子に言葉を失っていました。夜が明けると、行方不明のご家族の捜索に出かけられる方もいました。精神的にも大変だったと思います。今考えると、あの状況下でみなさんが助け合い、とても秩序があったと思います。避難者の方が自主的に掃除などをしてくれました。

そのうち、職員の家族や子供もやって来て、物資の配布などを手伝うようになりました。子供が手伝うことで、場が少し和んだように感じます。中央台の住民の方でも手を貸してくれる方がいました。みなさんの協力に避難所の運営は支えられていました。地元をはじめ、県内外から届いた数々の支援も忘れられません。東京・神奈川・山口などいろいろな県の方が炊き出しをしてくれました。「阪神大震災の時、世話になってるから」と話す大阪の方もいました。作り立てのカレー、煮魚、そば、生野菜。カップ麺やレトルトばかり食べていた私たちは大感激でした。3月29日には自衛隊が仮設の風呂を設置してくれました。震災発生後、初めての風呂です。入浴後はみんな笑顔でした。

日が経つにつれ、避難者はひとりまたひとり退去していき、震災から丸3か月の6月11日、ついに中央台公民館は避難所としての役目を終えました。

緑川直行（52）、中央台公民館館長

私が担当した避難所は3月11日に始まり5月22日にその役割を終えました。その間、すべての避難所がそうであったように湯本二中避難所でも様々なドラマがありました。

273名の地震と津波で家族や家を失った被災者の皆さんを受け入れたときの混乱、十分に届かない食料、毛布そして灯油。余震が続く中で過ごす寒くて眠れない不安な夜。原発に関しての不十分な情報に翻弄され、他の避難所や親戚のところへ移動する人々。そして本当は一番支援が必要にもかかわらず行き場所のなかった多くの人々。複数の避難所で受け入れを拒まれた要介護者の皆さんや車いすの皆さん。そして気がつけば避難所より劣悪な状況（風呂の水を飲んで命をつないでいた老夫婦もいた）の中で生活をしていた地域の方々。

写真2－4　満開に咲く桜の下、炊き出しに並ぶ市民

その様な中で私たち教職員が避難所の皆さんに提案したのは自治組織の結成、体育館から教室への移動、そして地域と生徒との共存でした。自治組織を結成するにあたっては、自分でできることをすること、一人一役を守ること、の2つを大切にしました。子どもにも新聞配りやお年寄りのためにお茶を入れ、話をするという大切な仕事がありました。自治会長さんを始め、各部屋の部屋長さん、教員、支所職員が毎朝会議を開き避難所の問題点やその日の予定等について毎日話し合いを行いました。はじめは教師主導で行っていた会議も徐々に避難所の皆さんで積極的に運営するようになり、いつしか「どこにも負けない避難所を作ろう」という気運が高まっていきました。

避難所とは、被災された皆さんの自立を促し、避難所を出た後に待ち受けている困難に、打ち勝つための体力と気力を十分に蓄える場所であること。避難所の皆さんが互いに協力して運営していく場所であること（だから決してわがままが通らない）。そして、被災された皆さんの文化を決して壊してはいけない場所であること。そんなことを学びました。

澤井史郎（55）、中学校教師

コンサートホールや舞台を備えたアリオス（いわき芸術文化交流館）にも、大勢の人々が安全な場所を求めてやってきた。

3月11日、14時46分。いわきアリオス館内には、お客さまとスタッフ合わせて約100名が居合わせていました。けが人はなく、10分後には平中央公園への誘導を終えました。公園には隣の本庁舎から避難した方も合流し千人規模の方が待機していたと思います。やがて雨が降り始め、雪に変わるころ、安全が確認できた館内に皆さまをご案内しました。その後、周辺の住民も次々と詰めかけるようになり、「避難所アリオス」は大混乱のなか立ちあがりました。

公演のある日はおしゃれした人々で賑わっていた大ホールや中劇場のホワイエに、シートやダンボールが持ち込まれ、そこに寝泊まりする方々とともに職員も24時間体制で過ごしました。

長野隆人（35）、いわき芸術文化交流館アリオス　マーケティングチーフ

なお、アリオスによる避難所運営とその後の文化による復興を目指す活動については、『文化からの復興 市民と震災といわきアリオスと』（水曜社、2012年）に詳しい。

6　自治体からの派遣

被災したいわき市に対して、北海道から沖縄にいたる日本各地の自治体・水道事業体が応援に駆けつけた。いわき市発行の「東日本大震災から1年　いわき市の記録」によると、全国各地から応

援に入った自治体職員の数は最初の1年間で延べ1万5000人である（この数字には警察と自衛隊は含まれていない）。

私は、防災危機管理課に十五年おり、独自支援を進めていく先遣隊として、いわき市に行くことになった。いわき市役所には、何度電話しても話中だった。宇部市でも、台風時には市役所にたくさんの通報等が殺到し、受話器を置いた途端に次の電話がかかってくる状態になる。きっといわき市役所も同じ、いや、きっとそれ以上の状態だろう。

そんな中、大和田さん（いわき市在住の知人）に「いわき市に行きたいんだけど」という相談をしてみたところ、すぐにいわき市役所N課長につないでいただけた。そして、今度は彼の方から依頼があった。勿来のまちづくりをしている舘さんから、「災害ボランティアってやりたいんだけど、誰か紹介してくんないか」と相談があったと。私は内閣府の防災ボランティア活動検討会のメンバーで、全国各地の災害ボラセンの支援をしているため、よろこんでお手伝いできることを伝えた。こうして、いわき市、そして勿来の人たちとつながることができたのだった。

弘中秀治（45）、山口県宇部市　防災危機管理課

宇部市としては主に、地元NPO勿来まちづくりサポートセンターを主体に、地域住民が運営する勿来地区災害ボランティアセンターの立ち上げから閉所までの運営支援を、職員四名とボランテ

ィア一名の交代で支援させていただきました。日々起こる問題は、運営スタッフ全員で話し合い、改善を繰り返すことで活動は洗練されていきました。「いいボラセンですね」と評価の言葉を頂くと、我が事のように嬉しく、決まってこう答えていました。「私が言うのもですが、ここのボラセンは最高ですよ」。

今回の震災で、改めて分かったことは、「熱い思いによって、人は年齢に関係なく成長し、一人の力は小さくても多くの力を合わせれば、その力は無限だ」ということです。

藤田慎太郎（37）、宇部市　介護保険課

延岡市上下水道局では、災害派遣要請を日本水道協会から受け、3月14日の午後に被災地へ向けて、宮崎市、都城市、日向市と共に第1陣の給水活動班を派遣しました。しかし、福島第一原発での事故の状況が把握できなかったこと、さらに常磐道を含む幹線道路網が寸断されていたため、第1陣はやむなく静岡県まで進んだところで一旦撤退となりました。

原発事故の直後は、私も家族も災害派遣に対してやはり不安を持っていました。しかし、被災地で断水が続き生活に困っている方々のことを思い、派遣を志願しました。家族も「いわきの方々のために頑張ってこい！」と背中を押してくれました。

いわき市に着いて初めて目の当たりにした沿岸部の津波被害の凄まじさには絶句しました。小名浜港で巨大な台船が湾岸道路をふさぐように打ち上げられていたのを見て津波の威力を思い知りました。

私たちは第2陣として3月26日から4月1日までいわき市に給水車を運び、その後約1週間ずつの交代で第5陣まで派遣し、4月20日までいわき市で給水活動を行いました。

給水活動は泉浄水場で水を補給し、小名浜地区の高台にある団地を中心に行いました。なかなか来ない給水車を辛抱強く秩序良く待っていていただきました。給水が始まると、整然と並んで順序よく給水を受け、重いポリタンクを運べない方が来られるとみんなで協力して運んでいました。長引く被災生活で大変な状況のなか、みんなで力を合わせ、励ましあい助け合って困難に立ち向かっているいわき市民の方々の姿を見て勇気と元気をもらいました。

8月現在もいわき市へ延岡市から行政支援として職員を交替で派遣しています。いわき市と延岡市は兄弟都市。お互い困った時こそ助け合うのが兄弟。距離は離れていても兄弟の絆は強いものです。困難に共に立ち向かいましょう。

柳田利夫（40）、宮崎県延岡市上下水道局

7 ボランティア・NPO

広大な面積を有するいわき市では、複数の災害ボランティアセンター（通称ボラセン）が必要となった。遠方の自治体やNGOからの支援もあって、平（4月4日開設）、勿来（4月9日）、小名浜（4月19日）の3カ所に、ボラセンが開設された。そして、いわき市が把握しているだけでも、最初の1年間のボランティアの延べ人数は5万人を超えている（「東日本大震災から1年　いわき市の

記録」)。

(注：いわき市災害支援ボランティアセンターの運営にボランティアとして参加)。初日。薄磯地区の津波被害に遭ったお宅での瓦礫撤去。翌日からはボラセン内でのオリエンテーション、活動へのマッチング、現地調査、救護班としての熱中症対策と給水活動などを行っています。「少しでも自分に出来ることはないか」。私と同じ気持ちを持っている方が、ここに来てくださっているんだと思います。

能戸洋子(41)、ボランティア

今回の東日本大震災は今までに経験したことのない恐怖の体験だったが、学ぶべきものもあった。藤間中の体育館で避難所生活を送る方々へのボランティア活動だ。

今、互いに助け合い、できることをすることが大切だと考えたからだ。私ひとりだけでなく同じテニス部の仲間も一緒に参加してくれた。

物資の仕分けや荷物の運搬、料理の手伝いもした。みなさんから笑顔で「ありがとう」と言われた時は本当にうれしかった。ボランティア最終日、仲間6人で歌を歌いメッセージをお送りした。みなさんに私たちの思いが届いていたらうれしい。

大谷麻綺(15)、藤間中3年

三月の終わりに、大学の先生から「勿来にボランティアセンターが立ち上がるみたいだから、連

絡してみてはどうか」というメールが来た。連絡をとり何度か足を運んだが、指示されたことをただこなすだけだった。わからないことだらけで、先生に「初めから何かできると思わないほうが良いよ」と助言されていた通りだった。

少しずつ動けるようになり、私は受付担当になった。ボランティアさんに記入してもらった紙には、福島県以外の県名が多く、とてもうれしかった。何度も来てくれた方は顔と名前を覚えていたので、「今日もよろしくお願いします！」と話しかけると、笑顔で「こちらこそよろしく！」と返してくれた。この何気ないやり取りが自分の笑顔の源だった。ＧＷには、山口県宇部市からボランティアとして、たくさんの方が来てくださった。お別れの日には感謝の涙が止まらなかった。

石井麻美（22）、東日本国際大学

私は東京で働いているのですが、勤務中地震に遭い、いわゆる「帰宅難民」になりました。都内の寺で一晩過ごし、そこで見た津波の映像に衝撃を受け、その場で被災地に入ることを決意しました。

回数にして10回、延べ20日いわき入りしました。ボラセンの装備、運営の段取りが来るたび、良くなっていくのが分かりました。沿岸部の被災地は悲惨な状況でしたが、それでも、みなさんが明るいのが印象的でした。

桧口博一（46）、神奈川県藤沢市

私は栃木在住ですから、子どもの頃、海水浴で毎年勿来海水浴場を訪れていました。ネットで見

た津波の映像に、何かせずにはいられませんでした。今回でいわき入りは13回目です。桧口さんの言う通り、みなさん明るいですね。逆に元気をもらって帰ります。

室井則行（41）、栃木県那須塩原市

先の能戸さんと同じセンターで活動した佐々木友理さんは、次のように記している。

今まで、いわき市のボラセンには約1万人超のボランティア登録があり、延べ4万7千人の方々が活動してくださいました。

ボラセンには「つながっぺ、いわき！！」という日本地図が大きく描いてある模造紙がずっと掲示されています。この地図には、ボランティアさんのお住まいの場所にシールを貼っていただけるよう呼びかけていました。今改めて地図を眺めると、全ての都道府県にシールが貼ってありました。なんと、全国からいわき市にボランティアに来てくださったことが判明したのです。いつしか日本地図の脇に、地球儀の絵が付け加えてあり、海外からの参加者からもシールが貼られていました。

佐々木友里（33）、いわき市社会福祉協議会

3月中旬、いわき青年会議所は、NPOうつくしまネットワークと連携して「いわき基地」を設け、食料の配布を精力的に行った。

なぜ競輪場で行政と一緒にやらないのか？　行政だけでは対応できないところを、民の力を結集して補わなければならないと感じたからです（注：当時いわき市役所は、競輪場を支援物資の集積地として利用していた）。日本青年会議所をはじめＮＰＯや企業・支援団体からの物資を受け取り、毎日、避難所や病院・福祉施設などに届けました。

震災初期は、インフラ復旧のために毎日、寝ずに作業している人へも食料を供給。午前中は物資の輸送、午後には毎日暗くなるまで、数万食のおにぎりやパンなどを市民の集まる給水所などで配布しました。

メンバーの１人は市営住宅を１軒１軒、訪問。取りに来られる人は良いですが、独居老人や体が不自由な人などがたくさんいたのです。米粒１粒、水の１滴無駄にしない覚悟で、毎日埃まみれになりながら活動を続けました。

４月に入るとだいぶインフラも回復したため、被災者を逆にいわき基地へ招き、自立するための生活物資の供給へシフト。多い日では１日に２００家族以上、１ヶ月の間に１万人の被災者に生活物資を供給しました。約２か月半、いわき基地だけで約５００トンの物資を受け入れました。

吉田憲一（39）、いわき青年会議所理事長

地元のＮＰＯもさまざまな活動を展開した。以下に紹介するザ・ピープルの活動の様子は、『福島から日本の未来を創る：復興のための新しい発想』第4章に記録されている。著者の吉田恵美子さん（島村守彦さんと共著）は、小名浜のボラセン立ち上げ・運営の中心人物であり、後に「ふ

くしまオーガニックコットンプロジェクト」に取り組むことになる（第4章）。

発災直後に、私たちと繊維リサイクル関係で取引のあった兵庫県の事業者からロールカーペット提供の申し出があった。「避難所に真っ先にロールカーペットを敷いてあげれば、寒さは幾分かでも緩和されるから……」。阪神淡路大震災を経験したその事業所では、真っ先に避難所に運び込むことを想定して、自社の4トントラックを仕立て、いわき市まで運んでくれた。自分たちで配布することが困難であった私たちは、その届け先をいわき市が救援物資の受け入れ先としていた市営の競輪場へと指示し、市の災害対策本部にもその旨を伝えた。しかし、私たちが実際に状態を確認できた2011年3月23日まで、そのロールカーペットが活用されることはなかった。緊急時には行政任せでは事は動かない。私たちは自らそのロールカーペットを配布することにした。

そのために使用した車両は、大阪の反原発市民グループから提供されたマイクロバスだった。提供の目的は「赤ちゃんや妊婦を放射能汚染から守り、大阪にお引越しさせる」ため。この情報を一般に知らせて希望者を募ろうとしたが、当時の限られたメディアでは「市民にパニックを起こさせる」という理由で流されなかった。結局この計画で大阪に避難できた家族はわずか2世帯。迎えの車に乗って避難して行った。そして、私たちの手元に緊急車両の登録済みでガソリン満タンのマイクロバスが残った。そこから、私たちは、ロールカーペットの配布を皮切りに被災者支援事業を始めた。それまで自家用車でガソリンのメーターを気にしながら細々と防寒具や靴を（社）いわき市社会福祉協議会の地区事務所に運んでいたから、強力な味方が現れたとの感覚があった。
［吉田・島村2014：88, 9］

東日本大震災に際しては、日本で暮らす外国人も被災地に駆け付けた。いわき市で長期にわたって繰り返し炊き出しや物資配布を行った日本イスラーム文化センター（大塚モスク）は、パキスタン人を中心とするムスリム（イスラーム教徒）の団体である。多くの日本人も巻き込んで行われたその支援活動については、『ムスリムＮＧＯ』という本で紹介したので、そちらを参照していただきたい［子島2014］。

最後に、東京から支援に駆けつけた国際協力ＮＧＯ「シャプラニール＝市民による海外協力の会」を紹介したい。筆者がいわき市に関わるようになったのは、２０１１年当時、このＮＧＯの評議員を務めていたことがきっかけであった。シャプラニールの活動報告書『いわき、１８４６日』（シャプラニール編［2016］）から抜粋して引用したい。

３月16日、最初の目的地は茨城県の北茨城市と定めた。シャプラニールの評議員であり元々交流のあった茨城のＮＰＯ中間支援組織「茨城ＮＰＯセンター・コモンズ」横田能洋事務局長からの紹介で、北茨城市で高齢者福祉の活動を行うＮＰＯ法人「ウィラブ北茨城」が救援物資の集積を始めたという基地へ向かったのである。しかし、受け入れ先も急ごしらえだったため、持ってきた物資のすべてを搬入するという状況ではなかった。このため、横田事務局長が福島県の「うつくしまNPOネットワーク」の鈴木和隆氏へ電話して、そちらで受け入れるということが決まった。高速を1時間ほど車で走っていわき中央インターを出たところで鈴木氏が出迎えてくれ、そこからすぐの工業団地内にある巨大な倉庫へ荷物を運び入れた。このときは、すでに深夜になっていたこともあり、急いで北茨城へ戻った。

北茨城で3日間物資の仕分け作業等を手伝い、ある程度支援物資が行き渡っているのを確認した我々は、さらに被害の大きかったいわき市で支援活動を行うことにした。

3月22日に再びいわき市へ入った我々は、街の中心部にも人気が全くない状況に言葉を失いつつ、とりあえず沿岸部の様子を見て回ると同時に、市内の被災状況を把握しようと市役所の災害対策本部を訪れた。市役所の建物が地震の影響で使えない状況だったため、消防署内に設置された災害対策本部では1階から4階まで人が走り回っており、ようやくつかまえた担当者から、毎日更新される被災状況一覧を一枚もらうのがやっとだった。北茨城とは全く異なる緊迫感に圧倒された我々は、当面ここで活動することになるだろうと感じていた。

その後、シャプラニールは5年間にわたって、いわき市での活動を継続することになる（シャプラニール［2016］、子島［2012］、ならびにNejima, Komatsu and Sato［2014］参照）。

以上、第2章では「行動を起こした人々」について見てきた。ボランティアの概説書には、しばしば「英語の volunteer の原義は「志願兵」、すなわち自分の故郷を敵から守ろうと立ち上がった人々のことである」と記されている。情報を発信しつづけたラジオ局、大勢の外来患者を引き受けた病院、そして県外にトラックを出して商品をかき集めたスーパー。当時のいわきで行動を起こした人々は、まさに志願兵――ボランティアの原初形態――であった。

通常、ボランティアという言葉から私たちが連想するのは、被災地の外から支援に駆けつける人々ではないだろうか？　しかし、放射線による被ばくという「未知の恐怖」に包み込まれていたいわき市において、外からの支援を得ることは容易ではなかった。混乱状況の中で、彼ら彼女らがその持ち場を必死に守ったことで、コミュニティは完全な機能不全に陥ることを免れたのである。

これらの懸命な活動の上に、私たちが通常イメージするところのボランティアが、いわきに参集していくことになる。そして、いわき市や福島県という地域を越えたネットワークが、いくつも形成されていくのである。

コラム2　岡田健一さん——いわきでボランティアをした東洋大学卒業生

「はじめに」で述べたように、筆者のいわきでの活動の多くは、学生引率に関わるものである。東日本大震災以前に力を入れていた活動に、フェアトレード商品の販売があるのだが（子島他編2010）、当時一緒に活動していたメンバーの一人に岡田健一さんがいる。国際地域学科の卒業生である岡田さんは、2011年4月18日にいわき市を訪問し、以下のボランティア報告を残している。子島研究室のホームページにある文章をほぼそのままの形で掲載する。

勿来（なこそ）地区災害ボランティアセンターは、まだ立ち上がったばかりですが、地元の方が中心に運営する、とてもしっかりした組織です。

いわき市は津波の被害もあり、余震などで断水している箇所がまだいくつかあるようです。私たち5名のグループは、液状化で出てきた泥の掻きだし作業を、ある内装会社で行いました。震災で休校中のため、高校生もボランティアに参加していました。

小名浜港にも行ったのですが、津波の被害で港はほぼ壊滅状態でした。座礁した船も手つかずの状態（写真2-5）で、復旧に長い時間を要することを改めて実感しました。写真2-6も小名浜で撮影したものですが、津波被害にあった建物が崩れ、道路をふさいでいる様子がわかります。港近くの家の多くは、津波で一階は海水に浸かってしまいました。道路には使えなくなった家財道具が山積みとなっています。

＊アクセス　東京からいわき市勿来地区までの距離はおよそ１８０キロ。車で高速道路（常磐道）を利用して、所要時間は約３時間。東京－いわき市を結ぶ高速バスは毎日運行しています。私は常磐道を利用しました。震災の影響で、道路に亀裂が入っているため、一部速度が制限されていたり、一車線通行の箇所がありました。それでも地震後一カ月経過して、かなり道路は復旧しています。東京からいわき市まで、問題なく車で行くことができました。

写真コラム２－１　小名浜港に打ち上げられた船

写真コラム２－２　建物が崩れ、道路をふさいでいる様子（小名浜）

＊持ち物　交通費、昼食、飲み物は自分で用意しました。ボランティアの仕事は現地に行かないとわからないケースが多いのですが、マスク、手袋、タオル、長靴、動きやすい服装で行くことは必須です。勿来の場合、スコップやバケツなどの作業で使う道具類は、現地で用意してくれました。

＊ボランティアの手順

①受付にて、ボランティア活動受付票を記入
②ボランティア保険に加入（未加入の場合）
③受付後控え室で待機
④被災された方から集まっているニーズをもとに作業（班編成）をして、メンバーの中からリーダーを決定
⑤作業班ごとに作業内容役割分担
⑥移動（ボランティアセンターの方が現場まで送迎してくれる）
⑦作業（活動時間は、午前と午後、約2時間ずつ）
⑧戻り、資器材を片付け
⑨帰宅

勿来では本部スタッフの受け入れ体制がしっかりしているので、はじめてボランティアに行く人も心配せず作業ができると思います。

第3章　オリーブプロジェクト

3章とつづく4章では、いわき内外から多くのボランティアを惹きつけ、東洋大生も長年にわたってかかわりつづけている二つのプロジェクトを紹介する。はじめに、筆者がいわきで見聞きしたり、文献で知ることとなったいくつかのプロジェクトについて、ごく簡単に紹介したい。

1 いわきで生まれたプロジェクト

1章と2章では、被災時の状況と、いわき市で立ち上がった人々について述べた。この「何かしなくては」と立ち上がった人々の間から、いわきでは、その後さまざまなプロジェクトが生み出されていった。

なかでも、万本桜プロジェクトといわき海洋調べ隊うみラボは、その活動が本にまとめられ、大きな反響を呼んだ。前者は『空をゆく巨人』（川内有著）として、2018年に集英社より刊行、第16回開高健ノンフィクション賞を受賞した。後者は『新復興論』（小松理虔著）として、2018年ゲンロンより刊行、第18回大佛次郎論壇賞を受賞した。

いわきアリオスは、2008年にオープンしたいわき市の劇場・ホールの複合文化施設である。震災後の活動は、ニッセイ基礎研究所・いわき芸術文化交流館アリオス著『文化からの復興　市民と震災といわきアリオスと』（水曜社、2012年）にまとめられている。

このほかにも、十中八九、たらちね、未来会議、夜明け市場、ワンダーグラウンドなどを震災の前後から活発に活動する団体として挙げることができる。その活動概要を、それぞれのホームページや文献から紹介したい。

十中八九　2013年9月始動。いわき市内のライブハウスや商店街の空きスペースなどを舞台に、ワークショップやライブパフォーマンスなどを定期的に開催している。活動を通じて「中心市街地の活性化」や「アートを中心に幅広い年代の人々が集う新しいコミュニティ」の創出をめざす（YouTube にチャンネルあり）。

たらちね　2011年、地元での子育てに不安を抱くママたちを中心に設立。2017年、日本初の放射能測定室併設型クリニック「たらちねクリニック」を開設。全身の放射能測定（ホールボディカウンター）や尿のセシウム測定により、被ばくの有無を知ることができる。

未来会議　東日本大震災復興支援財団による子ども被災地支援法の聴き取り対話ワークショップに参加した有志により、2013年1月に始まった対話の場。いわき市民に限らず、地域や年代を越えて様々な職業や立場の人々が集まる場となっている。

夜明け市場　被災した飲食店の事業再開の場を提供するために、JRいわき駅前の古いスナック街をリノベーションして設立された。「日本一前向きに、風評被害や駅前空洞化に立ち向かう人々が集う、活気のある飲食店街」がコンセプトである［中澤2015］。

ワンダーグラウンド（Wunder ground）「いわきを遊び倒す！」をモットーに活動するアートマネジメントNPO。スタッフの多くが30代で、それぞれが職と趣味を持ちながら、文化団体支援のほか、情報発信・共有、地域文化活性化に携わる人材育成の事業を展開している。いわき市が主催した「市民アーティスト養成講座」で出会ったメンバーが、2011年にNPO化した。福島藝術計画 × Art Support Tohoku - Tokyo の事務局として活動している『潮目のまちから～いわきの多様性と、文化政策の可能性』（Wunder ground 2017）は、数多くの素晴らしい写真が挿入された活動報告書である。

このように、いわきではさまざまな分野で市民がイニシアティブをとる活動が活発に行われてきた。ここからは、東洋大生が長年にわたってかかわりつづけている二つのプロジェクトを中心に、本書の記述は展開することになる。まずは、オリーブのプロジェクトから始めたい。

2 松崎康弘さん――インサイダーにしてアウトサイダー

「いわきオリーブプロジェクト」の中心を担ってきたのが、松崎康弘さんである。松崎さんは第2章第3節にも登場している。

爆発から三日目、店（スカイストア）を再開。個人やボランティアグループから支援物資が運ばれてきた。

四月からは熊本のボランティアグループの資金提供で、六つの避難所に毎日食材を届けた。思いがけない支援金や実際のボランティア活動の支援があった。さらに、全国各地からいわきを支援したいと連絡が来て、毎週末全国の販売会に参加させていただいた。


この全国での販売会を通して、いわきオリーブは市外のボランティアとのつながりを獲得していくことになったのである。

２００９年、松崎さんはさまざまな職業の市民と研究会を立ちあげ、オリーブ栽培に関する調査を開始した。そして、試行錯誤の末、いわきは日本最北限のオリーブオイル生産地となった。２０２１年4月現在、いわき市内外の60ヶ所に12種類７０００本のオリーブが栽培されている。オリーブオイルは、少量ではあるが２０１６年から商品化されている。その他の商品にオリーブの塩漬け、オリーブの葉を使ったオリーブパスタ・オリーブ麺・お茶などがある。「オリーブパスタ」は２０１６年、「ふくしまおいしい大賞２０１６・麺部門」で優秀賞を受賞している。２０２１年には、日本経済新聞が「燻製めひかりのオリーブオイル漬け」を「岩手・宮城・福島の水産加工品10選　食べて復興支援」（ＮＩＫＫＥＩプラス1なんでもランキング）の第1位としている（２０２1年3月6日）。

オリーブは、地中海地方が原産地とされる。大方の日本人は、オリーブと聞けば、暖かく青い空が広がるスペインやイタリアをイメージするはずである。そのオリーブを「寒い東北」で作ろうという逆転の発想は、いわきを飛び出して、地中海地域で長く暮らした松崎さんならではのものである。

では、そのユニークな経歴を見ていこう。松崎さんは1957年にいわき市で生まれた。地元の小・中・高校で学びながら、クラシックギターを学ぶ。1976年、当時としては相当にまれなケースであるが、日本の大学へは進学せずに、フランスのリール第三大学文学部へ留学した（ディジョン大学でも学ぶ）。「とにかく、若いころは日本にいたくなかった」とは本人談であるが、さらに本格的にギターを勉強することを目指してもいた。1980年に大学を卒業した後は、日本企業のフランス語通訳として働いた。その後チュニジア、スペインを経て1990年より在ベルギー日本大使館で文化担当として勤務した。

1999年に帰国すると、松崎さんは埼玉で舞台企画制作団体を立ち上げた。企画に賛同した国内外の演奏家とともに、関東を中心に年間40～50のクラシックコンサートを企画・実施した。いわきに戻るのは二年後の2001年であり、最初にいわき芸術文化交流館（いわきアリオス）の立ち上げに携わった。そして、翌年からギャラリー情報館「平サロン」の企画運営を手伝うことになる。この仕事は、地元の美術・音楽の発表の場として空き店舗を利用する「中心市街地活性化」事業だった。松崎さんは、今度はいわきの地域活性化に本格的に取り組んでいくことになったのである。さらに２００５年から３年間、歴史に興味を持つ若い世代と「磐城歴史文化新聞」を発行することで、郷土史や民俗学との研究者とも交わるようになり、いわきの歴史や文化をより深く学んでいくことになった。

　フランス、チュニジア、スペイン、そしてベルギーでの長い暮らしは、アウトサイダーとして「いわきを外から見ること」を、松崎さんに可能にさせた。しかし、それだけであれば、「変わり者」として、地域で爪はじきにされてしまっていたかもしれない。しかし、松崎さんの場合、帰国後にいわきの文化に深く身を浸すことで、インサイダーとしてもカムバックを果たすことになった。このようにして、インサイダーにしてアウトサイダーという松崎さんの両義性は形作られていったのである。

写真３－１　縁が輪市でギター演奏を披露する松崎さん

　２００８年、松崎さんは「いわきいきいき食彩館」を発足させ、２００９年には市民が運営する地場産品の直売店「スカイストア」を立ち上げる（本書第２章で、松崎さんの避難所支援の取り組みを紹介した。その時にベースとしていたのが、スカイストアである）。

　前者は、いわきの特産品を加工した商品開発（いわゆる六次産業化）を志向する任意団体、後者は市民が運営するスーパー、いわき産の新鮮野菜や名産品を販売するお店であった。松崎さん自身が、「知識も経験もない今までとは全く別物の事業だった」と述懐するように、これは新しいチャレンジだった。そして、２００９年にオリーブプロジェクトを立ち上げる。また、オリーブの活動と前後して、いわき市農業基本計画策定委員に任命されるなど、松崎さんはいわき農業の魅力を発信するための活動に力を注ぐようになっていった。

さて、オリーブプロジェクトの発足の経緯については、松崎さん本人がいろいろなところで発信している。ここでは、Honda Smile Mission「オリーブの一大産地を目指すＮＰＯ理事長をリサーチせよ」（FMTOKYO、２０１7年9月8日放送）、東北復興新聞「いわきをオリーブの一大産地に。オリーブ栽培北限の地での挑戦！」（２０１6年12月18日）、そして「りぃーど」（２０１8年）での連載をベースに、さらに東洋大生へのレクチャーの内容も取り入れて再構成している。

みなさんはオリーブと聞いた時に暖かい所で作られるとイメージされる方、多いと思います。オリーブは暖かな地中海地方原産といわれていて、世界一の生産国はスペイン。日本では香川県の小豆島が産地として有名です。オリーブは霜や凍結に弱いので日本の北の地域ではこれまで栽培されてきませんでしたが、いわきでオリーブの一大産地を目指しているのが、いわきオリーブプロジェクトです。

オリーブを栽培するきっかけになったのは、水産加工品で新しいことができないかと人に言われ

たこと。その話がきて、いわきでよく獲れるイワシを塩漬けにしてオリーブオイルに漬けたらアンチョビになるなと思いつきました。

製造に欠かせないオリーブオイルを調べている時、ふと空を見上げました。冬のいわきの空は、どこまでも高く青空が広がっています。その空が、かつて目にしたスペイン・アンダルシア地方の空とそっくりだったのです。いわき市は、東北地方ながら日照時間が長く、雪もほとんど降りません。「ここでならオリーブを育てられるのでは」と期待に胸が高鳴りました。

しかし最初は寒さに弱いオリーブの栽培に試行錯誤。冬に霜が降りると小さい木は根を痛めやすく、200本を枯らしてしまったこともありました。それからは、マルチとよばれる作物の株元を覆うポリフィルムを使って育ててきました。

温暖な気候を好むオリーブですが、意外に低温にも強く、花芽は1月の平均気温が10℃以下のほうが、よくつくことがわかりました。日照量は年間2000時間以上が望ましく、雨量も500～1000ミリは必要です。これは、いわきの気候条件—日照量2100時間、雨量1200ミリ—によく合っています。

さらに、次のようなこともわかってきました。

・バイオ技術を活用した挿し木苗事業を推進する研究機関と連携して、いわきにマッチした苗木の提供を受ける。これにより、通常5年かかるところを4年での収穫を目指せる。

・小豆島が苦心した小面積・傾斜畑地における栽培と比して、いわきには梨を育てていた耕作放棄地が300ヘクタールある。そこにオリーブ栽培を広げることができれば、将来は大規模栽培も可能である。

・オリーブは成木として実をつけると、普通100年以上収穫が可能。

震災前後の様子はどうだったのだろうか。松崎さんの話をつづけよう。

コツコツと協力者を募り、小さな苗木を市内各地に植えていきました。1年間で会員は70人になり、2010年、市内15カ所にオリーブの苗木を500本植え、プロジェクトが動き出しました。いわきは大変広い自治体で、地域性が強く残っていると言われます。それは確かにその通りですが、このプロジェクトでは、最初からいわきのほぼ全域で苗木を植えることができました。

この年の10月には、プロジェクトのメンバーでスペインへ視察に出かけるなど、出だしは順調でした。実際、「スペインと気候が似ている」という読みが当たっていたのか、枯れてしまったオリーブはほんのわずかでした。

年が明けて2011年、16番目のオリーブ栽培地の整備が始まりました。赤井の山間部の田んぼだった場所で、オリーブ栽培ができるかを確かめる大事な実証圃場でした。草や灌木を引っこ抜き、水分を逃がす溝を掘りました。苗木も届いて、植えるばかりに準備ができていました。

「このまま順調にいけるかもしれない…」、そう思っていた矢先に起こったのが、東日本大震災でした。原発事故の直後、静止画のような原発を延々と映し出すだけのテレビを眺めながら、何をどう考えればいいのか、頭の中は、テレビの映像のように思考停止状態でした。それでも事故の直後は、必死にやらなければならないことがたくさんありました。スカイストアでは、４月１日から小名浜二中、江名小学校、江名中学校、福島高専、好間公民館などの避難所に、毎日４００人分の食材を届けました。オリーブをどうするのか、考える余裕はありませんでした。

４月17日、一週間の予定で４人の若者が、いわきにボランティアにやって来ました。赤井の実証圃場の話をすると「オリーブを植えましょう！」と言ってくれました。これが活動再開のきっかけになりました。もし、16番目の畑を彼らと再開しなかったら、いや、オリーブの計画が、もし一年遅れていて、まったく植えていなかったら…事故後にオリーブを栽培する決断はできなかったと思います。

３・11の時点で、オリーブは市内１５か所に植えられていました。原発事故は、農業に真剣に取り組む多くの人を絶望に陥れました。当時は、放射線に関する知識もほとんどなく、「半減期は30年（セシウム１３７）」などと聞いて、私もさすがにあきらめかけていました。福島の農家からは自殺者も出ました。「オリーブなんて育てている場合じゃない」と会員も次々と減っていき、70人いたメンバーはわずか15人になってしまいました。

でも、震災に負けないで元気に育っているオリーブを見ると、こちらも元気づけられ「復興のシンボルとして、大切に育てていきたい」という思いが湧いてきたのです。

震災は新たな絆も生みました。「植えましょう！」と言ってくれた４人に続くように、全国から

写真3－2　左から，舟生さん，松崎さん，木田さん

ボランティアが駆けつけてくれました。そして、いわきでオリーブプロジェクトを知ると、「私も育ててみたい」という声が上がり始めます。そこで、挿し木を持ち帰って自宅で育ててもらい、数年後にいわきに戻すという活動も始まりました。

オリーブは、昔から平和や愛の象徴でした。人を惹きつける、魅力が詰まった木なんだと思います。

中でも大きな絆となったのは、東京・中野区との結びつきです。フリーペーパーを制作している会社の藤原秋一さんが中心になって、「オリーブのはばたき」という団体を立ち上げてくれました。

現在ではオリーブの実の収穫が年間１・５トン、オリーブオイルとしては１３０リットルを生産できるまでになりました。今後目指しているのは、いわきにオリーブの栽培地が広がり、それがオリーブの森になること。日本の一大産地の小豆島を超えることができれば、このプロジェクトに協力してくれた小豆島の方々への恩返しにもなると思います。

松崎さんと一緒にオリーブプロジェクトを牽引してきたのは、木田源泰さんと舟生仁さんである。つづいて、この二人のオリーブにかける思いを聞いてみたい。

▒木田源泰さん

いわき出身（1956年生まれ）の木田さんは、郡山の広告会社で働いていた。2006年、いわきで農業を営んでいた父親がそろそろ引退するということで脱サラし、いわきに戻った。畑では、夏野菜（トマト、ズッキーニ、なす）と冬野菜（ほうれん草、ねぎ）を中心に栽培した。ほぼ同時期にスカイストアが立ち上がったので、一部の野菜を納めることにした。こうして、木田さんは松崎さんと出会うことになった。そして、松崎さんが、オリーブのアイディアを持ちかけたとき、最初から関わることにした。

木田さんは、温暖ないわきならオリーブを育てられるだろうと、最初から思っていたそうである。実際、2010年春には、オリーブが越冬できることを確認できた。何本か枯れたが、これは手入れが悪かったからとのことである。

後になって「オリーブ目線」で物事を考えるようになると、2009年の段階で、すでにいわきのあちこちにオリーブは植えられていました。個人で住宅の庭に植えている人もいたし、造園業者からオリーブを使っていますよと教えてもらいました。

２０１１年の震災当時は、例年通りに作業を畑で進めていた。原発事故後も木田さんはいわきにとどまったが、あちこちでセシウムが検出される状況に、「どれもこれもだめになる」と感じていた。しかし、いわきの線量がそれほど高くないことがわかると、社会人ボランティアがぽつぽつとオリーブの畑に手伝いに来てくれるようになった。ボランティアが増えたのは、２０１１年の秋口からで、それによって大いに元気づけられた。この当時はまだ試験段階で、木田さんはプロジェクトの畑でオリーブの世話をしていたのだが、県外からのボランティアや小豆島の人々に「絶対やるべきだ」と言われ、再奮起。２０１２年から木田農園でもオリーブの栽培を開始した。

さらに木田さんは言う。

最初は、いわきにたくさんある耕作放棄地の対策というつもりでしたが、原発事故後、いわきでは外での運動ができなくなり、血圧、心臓病といった健康指標が悪化しました。生活環境の激変が、人々に多大なストレスをもたらしました。その時から「健康づくりのための作物」へと、オリーブの位置づけが私の中で変わりました。

オリーブといえば、オイルや果実が知られているが、実は葉にこそ多くの成分が含まれている。いわきオリーブプロジェクトでは、葉を活用したオリーブ麺、飴、お茶などの商品を出している。木田さんがお勧めの「オリーブのお茶」のラベルには、次のように書かれている。

ポリフェノールが緑茶の3倍。ノンカフェイン。古くから地中海沿岸で親しまれてきたオリーブの健康茶は抗酸化作用の高いオウレロペインのほのかな苦みが特徴です。

オリーブ茶について、木田さんはこうも語っている。

オウレロペインというのはポリフェノールの一種で、体を病原菌から守り、体内の免疫機能を活発にしてくれます。ただ、少し苦みがあるので、より飲みやすくなるように、ミントやカモミールのブレンドも作りました。
オリーブは、人類最古の作物の一つで、8000年前から連綿と育てられてきました。それはなぜかと言えば、やはり健康に素晴らしい効果をもたらしてくれるからでしょう。さらに、オリーブは1000年生きる「生命の樹」と呼ばれ、古代から象徴的な価値を与えられてきました。

8000年前と聞くと、「えっ、そんなに昔から」と驚いてしまう。ファブリーツァ・ランツァの『オリーブの歴史』によれば、オレアスター（野生種のオリーブ）は何千年も前から地中海沿岸全域に自生していた。人間がこのオレアスターを、いつどこで栽培し始めたのかはよくわかっていないが、旧石器時代のオリーブの化石がドイツやスペインで発見されているという。

また近年、イスラエル北部の遺跡（紀元前５８００年）で発見された壺から、オリーブオイルの痕跡が見つかっている［Times of Israel 2014］。この時点でオリーブが栽培化されていたかどうかは、現時点では断言できないが（野生植物を作物とするプロセス自体が、何世代もの試行錯誤の繰り返しを要する）、地中海地方で長く愛用されてきたことは間違いない。先に引用したランツァによれば、「オリーブの木は、小麦、ワインとともに、地中海沿岸地域の文化的アイデンティティを象徴する三位一体を構成し、数千年にわたり地中海沿岸地域のさまざまな文明を結びつけてきた」のである［2016：44］。

ふたたび木田さんの話に戻ろう。

古代から人間の生活に密着してきたオリーブだからこそ、自然に人と人とを結び付け、畑がコミュニティになるんです。そして、そこに笑顔が集まります。オリーブは一人で作る作物ではなくて、みんなで広大な面積で作ってこそ、オイルも十分な量が取れるようになります。幸い、いわきの風土は、原産地の地中海に似ていて、オリーブ作りに適しています。ですから、いわきで生産者の仲

――間を増やして、みんなで収穫作業を楽しみたいんです。――

いわきオリーブの商品は、もともと松崎さんが社長を務めるいわき食彩館が販売していた。しかし、先述したように、食彩館が倒産したため、松崎さんはいわきオリーブの社長を続けられなくなってしまった。現在は、木田さんがいわきオリーブの社長である。

会社経営に携わるようになって、木田さんも商品作りに苦心している。ふだん使いするには、まだまだオリーブの木の数も生産量も少ないため、魅力的なギフト商品とする方向で考えている。この点こそが、社会人や学生ボランティアとの新たな協働の焦点となっていくだろう。

なお、木田さんがオリーブ畑で抱負を語る姿が、いわき市農政流通課のホームページにアップロードされている（2017年12月16日撮影）。こちらもご覧いただきたい。

▒舟生仁さん

舟生仁さんは1964年生まれで、いわき市の出身である。2019年秋にオリーブ畑での作業後、東洋大生に話してくれた内容を、以下にまとめてみた。

――私は農業高校を卒業して、造園業に就きました。18才で造園の現場監督となり、40才、50才の人たちの差配をしていました。造園の仕事は幅が広く、木を植えたり、剪定したりするだけでなく、――

建築設計士と打ち合わせをして、垣根を作ったり、池を掘ったりしていきます。緑道を整備したり、アスファルトの舗装をしたりと、いろんなことをやりました。おかげで、ものつくりの感覚が身に着いたと思います。

その後、コンクリート二次製品の会社で働いていましたが、東日本大震災で会社は倒壊してしまいました。ハローワークで仕事を探していて、見つけたのがオリーブの求人でした。松崎さんと木田さんの情熱に触れて、やってみようと思いました。実際にオリーブプロジェクトで働き始めたのは、２０１１年10月からです。

２０１１年の段階では、いわきの野菜は食べられないと言う人が多かった。私たちも放射線については、本を読んだり、専門家の話を聞いたりしても、現場の土や木がどうなっているのかは、わからないことだらけでした。それが、とにかく測ることで、具体的に状況が見えてきた。２０１２年になると、オリーブの実にセシウムが入っていないかチェックして、入っていないと確認できました。放射線に強いということがわかってきた。そして、２年、３年と経つうちに、安全であることは確信となってきました。震災直後に激減したオリーブの研究会のメンバーも、また少しずつ増えてきました。

オリーブの栽培は、いわきやその周辺では広がってきました。現在、プロジェクト直轄の畑は４カ所で、残りの60カ所は基本的には個人が所有する畑です。プロジェクトの畑で、いろいろ実験してみて、研究材料としています。たとえば、オリーブの種類は世界には１０００種類ありますが、私たちが最初に取り組んだのは４種類でした。これを今、12種類にまで増やしています。小豆島では育つマンザニロやルッカといった種類が、いわきでは難しいといったことがわかってきました。降水量や日射量のデータを集め、水はけの具合を確かめるなど、やることはたくさんありますが、オリーブに取り組み始めた農家への技術的なサポートが追いついていません。いろいろ集めた資料を基礎に、それぞれ畑にあった工夫を農家の一軒一軒がすることで、初めて成功の足がかりがつかめます。しかし土台がないと失敗の繰り返しです。

プラスもありマイナスもありで、苦労しながらやってきましたが、２０１５年の搾油が、一つの到達点ですね。イタリア製の機械で搾油しましたが、実の重さの10％しかとれない、貴重なオイルです。あの時は松崎さんも泣いていました。

搾油にいたるまでの過程で、ボランティアの助けは大きかったですね。２０１１年4月に、松崎さんの娘さんの知りあいが「オリーブをやってみたい」といわきを訪れました。そこから、ボランティアを受け入れようとなって、その後ながぐつ（後述のGakuvo）や早大アメフトなどの大学生の力ももらって、開花したわけです。中野の藤原さんたち社会人の皆さんに背中を押されて、活動が上昇したとも言えます。

技術的なサポートという点では、ずっと小豆島のみなさんに助けられてきました。私たちのオリーブの原点は、小豆島にあるんです。その小豆島で、オリーブ栽培が始まったのが１００年前です。

オリーブの花粉は、どのくらい飛ぶか知っていますか？　10キロ先まで飛んでいきます。そういう基礎的な知識を学びつつ、土壌作り、肥料をまく時期、剪定の技術などを根気よく覚えていく必要があります。小豆島の100年に対して、いわきは7、8年です。まだまだ経験と技術が不足しています。

小豆島からは、高尾農園や株式会社ヘルシーランドのみなさんが何度もいわきに足を運んで、指導をしてくれました。オリーブテイスターの長友姫世さんや布施香さんからも、アドバイスをもらっています。

これまでの商品は、麺やパスタにしても、お茶や飴にしても、基本的にオリーブの葉を使ったものです。理由は簡単で、オリーブオイルを売りたくても、十分な量をとれないからです。次の夢は、東北や北関東の市場で、いわきのオリーブオイルを販売することです。

小豆島のオリーブについて、少し補足しておきたい。小豆島オリーブ株式会社のホームページには、以下のように記されている。

明治41(1908)年に当時の農商務省の指定を受け、三重・香川(小豆島)・鹿児島の3県で、アメリカから輸入した苗木で試作を行いましたが、根付いたのは小豆島だけだったそうです。以降、順調に育成し実を付ける事に成功した小豆島のオリーブは、大正初めには搾油ができるまでになりました。

小豆島におけるオリーブ商品の開発については、小豆島ヘルシーランド株式会社［2017］を参照されたい。

松崎さん、木田さん、そして舟生さんを、筆者は勝手に「オリーブ三銃士」と呼んでいる。プロジェクトに対する熱い想いは共通するが、オリーブに対する視点は、三者三様で少しずつ違っているところが面白い。この三銃士の周りに、いわき市内外のボランティアが参集してくるのである。

3　中野におけるプロジェクト支援

松崎さんや木田さんが「人を惹きつけるオリーブの魅力」について語っているとおり、オリーブを通して、日本各地からいわきへ支援が寄せられた。その中でも、最大の支援は、東京中野区の市民による活動と、Gakuvo による継続的な大学生派遣の二つである。本節と次節で、それぞれによるオリーブ支援について述べていきたい。

いわき市で市民が主体となるイベント、あるいは多額の公費を使い、東京の大会場を押さえての福島支援イベント（そこに民間の団体が参集）は、それほど珍しいことではない。中野のイベントがユニークなのは、いわきから地理的に離れた場所で、市民の手弁当の活動が継続的に盛り上がっていった点にある。２０１１年5月の第1回縁が輪市から、２０１６年5月のオリーブの祭典へと、その活動は大きく展開していった。この期間を3つのステージに分けて、記述していきたい。

なお、この部分に関しては、ゼミ生の西田彩花さん（2018年3月卒業）の卒業論文『オリーブの祭典〜いわき市と中野区を結ぶボランティアのネットワーク〜』がベースとなっている。西田さんの卒論をもとに、筆者が追加インタビューを行い、大幅に加筆修正している。

なお、YouTubeには、当時のイベントの様子がわかる動画が残されており、質問するのに大変役に立ったことを付記しておきたい。イベントの内容を動画で把握し、その様子を文字に起こして、藤原さんに追加質問することで、ここでの記述の内容を、より具体的にすることができたと感じている。

▒ステージ1　絆の街・縁《えん》が輪《わ》市

この当時、日本の各地で東北支援のイベントが開催されていた。「中野でも何かできないか」という声があがり、「縁が輪市実行委員会」が立ち上がった。メンバー団体は、「おこのみっくすマガジン」編集部、中野まちのエンガワ・プロジェクト、そして日本リ・ファッション協会（レフ）である。

「おこのみっくすマガジン」は、中野の地域密着型タウン誌であり、とりわけ飲食店の紹介として「逸品グランプリ」に力を入れていた。エンガワ・プロジェクトは、地域文化の振興とまちづくりの発展を目的とする団体であり、子供も楽しめる参加型ワークショップのノウハウを持っていた。

写真３-３　縁が輪市でのエイサー

写真３-４　縁が輪市で司会をする藤原さん、中央が松崎さん

そして、レフはリ・ファッション推進によって生活の質的向上を目指す一般社団法人である。墨田区にオフィスを置いているが、すでにこの時点で、被災地支援のイベントを都内で実施していた。

実行委員会の委員長は、地域の商店・飲食店との関係が深い「おこのみっくす」編集長の藤原秋一さんが務めることになった。市を盛り上げるには、東北から人を呼ぶとともに、地元のお店の参加も欠かせない。藤原さんは、そのネットワークを有していた。

不要となった衣服を回収し、再活用する事業を展開していたことから、レフは同じ分野で活動する団体のネットワークをもっていた。代表理事の鈴木純子さんが、いわきで古着リサイクル事業を展開するザ・ピープルに連絡したことから、吉田恵美子理事長が第1回からメインゲストの一人として参加することとなる。

「縁が輪市」は、東北支援と中野の活性化を目的としたチャリティ・イベントとして始まり、4回にわたって開催された（2011年5月29日、7月31日、11月19・20日、2012年2月25日。中野と関係の深かった茨城県の常陸太田市のJAも参加）。回を経るごとに、いわきオリーブプロジェクトとのつながりが深まっていった。

ネット上には、第1回のポスターや動画（YouTube）が残っている。それを見ると、あいにくの雨天ではあるが、楽しくにぎやかに行われたことがわかる。区立中央中学校の生徒による吹奏楽演奏が場を盛り上げる。常陸太田市JAやいわきの農家が野菜を売り、中野のブースでは温かい汁ものを提供している。被災地の写真展が開かれる一方、子供たちが絵を書いたり、工作したりするワークショップも実施された。最後は、東京中野真南風エイサーの踊りと演奏に合わせて、参加者が手拍子をとっている。楽しくにぎやかなイベントだったことがわかる。

この時のスペシャルゲストが、「震災最前線の元気なリーダー、トーク炸裂！」と紹介されている吉田恵美子さんと澤井史郎さんである（吉田さんも澤井さんも、本書第2章に登場している）。吉田さんは、いわき市小名浜地区災害ボランティアセンターのセンター長、澤井さんは校長を務める湯本二中の避難所リーダーとしての登壇である。

そして、松崎さんは、いわきの「じゃんがら念仏踊り」を縁が輪市で披露するためのアレンジ役として参加している。じゃんがらは、新盆の家々をご供養のために回る伝統芸能であり、いわきには地区ごとに多くの団体がある。この時は、いわき湯本温泉の商店会の女性などで構成される「若柳幸奈美社中」が参加している。このように、縁が輪市では、最初からいわきが実質メインの位置づけにあったことがわかる。

市民が手弁当で、しかもいまだ落ち着かない雰囲気の中で、あわただしく行う被災地支援である。誰をどこから呼ぶかは、中心メンバーがそれまでに作り上げた人脈に大きく頼ることになる。東京の鈴木さんが、いわきの吉田さんに「古着つながり」で連絡をしたことはわかったが、実行委員長の藤原さんも、実はいわきとのつながりをもっていた。自身のいわきとの関係について、次のように話している。

私の本業（株式会社エフ・スタッフルーム代表取締役）は、社内のシステムづくりや社内報の制作で、東京にある三菱化学とは長年仕事をさせていただいています。そのグループ会社の日本化成が小名浜に本社と工場を置いていました。こちらの会社とのおつきあいは、1990年代後半にさかのぼります。ですから、いわきに津波が来て、小名浜も被災したと知ったときには、心配で電話をしました。

レフの鈴木さんは、震災直後から支援に動いていました。そして、「目黒でワークショップをやる。小名浜で災害ボランティアセンターのセンター長をしている吉田さんが話をするから、来ませんか?」と声をかけてくれました。これがきっかけとなり、吉田さんと知り合いになりました。「おこのみっくす」を通じて、中野のみなさんにいわきの現状を発信したいという思いもあり、2011年4月に小名浜を訪ねました。吉田さんに再会すると「今、いわきを引っ張っている人物を紹介したい」と言われ、車で平のスカイストアに直行しました。小名浜からいわき中心部の平までは距離があるので、30分以上も車に乗っていたことをおぼえています。吉田さんの「松崎さんを紹介したい」という熱意を感じました。

こうして松崎さんと初めて会うんですが、この時はオリーブの話はしていません。松崎さんも避難所回りで忙しく、まだ本格的にはオリーブを再始動していなかった。じゃんがらとエイサーの話で盛り上がりました。中野では長年「チャンプルーフェスタ」というイベントが行われていて、そのメインがエイサーです。エイサーはもちろん沖縄の伝統芸能ですが、その起源が、いわきのじゃんがらにあると言われています。17世紀初頭に、いわき出身の袋中というお坊さんが琉球を訪れ、浄土念仏を伝えたのだそうです。この時の話がきっかけとなって、松崎さんにアレンジしてもらい、第1回の縁が輪市で「じゃんがら念仏踊り」が披露されたわけです。

7月の第2回になると、規模が格段に大きくなる。中野の食堂からの出店が大幅に増えるとともに、芸能パフォーマンスも、じゃんがら念仏踊り(若柳幸奈美社中)、東京中野真南風エイサー、そして岩手県大船渡市の金津流浦浜獅子躍が繰り広げられた。澤井さんが校長を務める湯本二中の生徒も参加し、野菜の販売を手伝ったり、「いわきと中野のふれあいトーク」では中野区立中央中学校や新渡戸文化中学校の生徒とディスカッションをしたりした。トークには、吉田さんと澤井さんに加え、松崎さんも登壇している。

縁が輪市では、11月の第3回から「中野から福島へ希望を届けよう」がテーマとなった。福島県16、宮城2、そして岩手4という被災地からの参加団体（個人）の数に、そのことはよく表れている。第3回の規模はさらに大きくなったが、あいにくの雨のため、参加者は少なかった。中野区商店会連合会、中野にぎわいフェスタ、薬師あいロード商店街振興組合などが参加している。それだけに、実行委員長の藤原さんの「雨の責任は、ひとえに私にございます」の開会あいさつに、無念な思いがにじんでいる。予定されていた夜の万灯会も延期されることとなった（万灯会は、東日本大震災の犠牲者の魂を慰めるために企画された。後日（2012年2月）境内に3000本のろうそくが灯され、2000人の来場者が祈りをささげた。本堂では、13人の僧侶による鎮魂の声明が響き渡った。

2012年3月11日に福島県いわき市内各所で行われた『復興じゃんがらエイサー』には、中野真南風エイサーが参加し、いわき駅前でエイサーを披露している。

写真３−５　オリーブの挿し木作業

■ステージ２　オリーブのはばたきの会の結成

２０１２年２月の第４回縁が輪市にて、オリーブの「挿し木ワークショップ」が初めて実施された。この２０１２年２月を、中野における被災地支援がいわきのオリーブへ特化していく「ステージ２」の始まりと位置づけることができる。藤原さんは次のように述べている。

私自身の福島へのシンパシーは、とりわけ強かったですね。風評を何とかしたいという思いもありました。それでも、オリーブの挿し木に、思ったよりもずっと多くの中野区民が参加してくれたのは、正直驚きでした。みなさん、土にまみれながら、植物と会話をするとでも言ったらいいんでしょうか。楽しんでもらえたようです。

松崎さんらの指導のもと、多くの人が挿し木に挑戦した。その後も２０１２年６月、11月、２０１３年５月、７月、そして２０１４年９月と、繰り返し挿し木のワークショップは行われた。ワークショップでは、プロジェクトの活動報告、オリーブ講座、そしてオリーブオイルの試飲等も

行っている。

さらに、いわきを訪問して応援するために、「オリーブのはばたきの会」が結成された。この会のメンバーがいわきへのバスツアーに参加することで、さらなる連携が生まれていく。

バスツアーは、２０１２年11月に初めて開催され、以降２０１３年３月、２０１４年３月、２０１５年10月３日（さらにこの年は10月末の収穫祭にも参加）と、年に１回のペースで行われた。

自宅で世話をしたオリーブの挿し木は、１年経つと数十センチの高さとなり、いわきに送り返されるが、プレートがついているので、自分が世話をした挿し木を探し出すことができる。このオリーブの成長をみることも、バスツアー参加の大きな動機になった。

写真３－６　ボランティアを指導する舟生さん

最初は被災した場所の見学もあったが、回を重ねるごとに植栽、葉摘み、収穫、搾油体験など、オリーブを通していわきの人たちと一緒に汗を流すことがメインのツアーとなった。中野からの参加者と一緒に作業することが、いわきの人たちの励みになった。一方、中野の参加者は自然を感じたり、作業体験をしたりすることで元気をもらって帰ることになる。ツアーで繰り返し顔を合わせることで、たがいの絆が深まっていった。

▒幕間——松崎さんの試行錯誤

ステージ3に位置づけられるのは「オリーブの祭典」であるが、その前にいわきでの放射線と食をめぐる試行錯誤について、松崎さんに今一度語ってもらうことにしたい。それは、この祭典が基本的に「食のイベント」であるからである。「福島産の食べ物」に対しては、匿名をいいことに、ネット上で一方的な罵詈雑言を浴びせかける人が、2015年ごろまでは後を絶たなかった。

実際には、祭典の開催時点でも、いわきで採れるオリーブオイルは微々たるものであり、参加店が使ったオリーブはいわき産ではなかった。それでも、「参加は遠慮します」という反応は、1つや2つのお店ではなかったと、勧誘に回った藤原さんも述べている。それでも、第1回縁が輪市からの経験を共有してきた多くのお店が協力することで、イベントは成功を収めることとなった。

松崎さんは、放射線と食に関して、次のように話している。

まずわかったのは、原発事故の放射線量は、空間線量、土の中、栽培した農作物など、いろいろな角度から調べる必要があるということでした。それぞれ測るのに、別な測定器を買わなくてはならないのですが、寄付や助成金で手に入れることができました。そして、スタッフの阿部さんが、毎日根気強く測定しました。

毎日測ることで、見えてくること、わかることがたくさんあります。オリーブの実は油脂であるため、水溶性である放射線のセシウムがまったく浸み込まないんです。これには大いに力づけられ

ました。

活動を否定する外からの声は、たくさんありましたよ。そんな中で、とてもありがたかったのは、いわき市の未来づくりセンターから、いわきの地産地消についての執筆の機会をもらったり、いわき市の農業基本計画策定委員に任命してもらったりしたことです（２０１２年）。福島県の農業の実態を知る機会を得られたことは大きかったですね。

２０１１年４月の段階から「いわきは線量がそれほど高くない」とわかってきて、少しずつ人が戻っていました。秋になると、だいぶ落ち着いてきて、10月１日の復興祭では、イタリア料理の日高良実シェフにお願いして、食のイベントを開催しました。とは言っても、学校給食で地元産の米や野菜を使うことに、まだまだ少なからぬお母さんが不安をぬぐい切れない時期だったと思います。小さな子供をもつお母さんほど、地元産を扱うスカイストアでの買い物を控えていることは感じていましたし、結局２割くらいのお客さんは戻ってきませんでした。高いお金を出して、九州から野菜を取り寄せている人もいました。

しかし、最初に被ばくをしてしまったわけですから、「子供には、これ以上の被ばくをさせたくない」という気持ちは、痛いほどわかりました。ですから、食のイベントをやることには、私自身の中にも葛藤がありました。それでも、有名シェフの力を借りて、市民の拒否反応を和らげたかったんです。メニューは「いわき野菜―秋―カポナータ黒米ピラフ添え」と「ゴールドトマトと鈴木製麺の生パスタ」です。受け入れてもらえるのか、とても不安でした。しかし、用意した４００食はあっという間になくなりました。行列までできたのは、嬉しい誤算でした。

この食のイベントは5年間20回続きました。福島出身の野崎洋光さん、田代和久さんをはじめ、いわき出身の十時亨さんにも来ていただきました。最も遠方からは、京都菊乃井の村田吉弘さん。私の手元には、様々な料理のオリジナルレシピが残っています。

2011年の秋には、プロジェクトのメンバーと小豆島を訪問してもいます。小豆島のオリーブ栽培農家の高尾さんを紹介してくれたのは、日高シェフでした。小豆島からの帰りには、徳島県小松島市の日本製紙森林研究所に行きました。次の栽培地のための500本の苗木を引き取りに行くためです。ボランティアの後押しもあり、「あきらめる」という選択肢はありませんでした。

毎日の放射線の計測といわきでの食のイベントの開催。これらの積み重ねは、松崎さんをはじめとするオリーブプロジェクトのメンバーに「大丈夫だ。行ける」という確信を抱かせることになる。そして、その思いは、いわきを訪れる中野の人々、とりわけリーダーの藤原さんに強く伝わっていったのである。

ステージ3　オリーブの祭典

2015年、いわきで初めてオリーブオイルの搾油をすることができた。これを契機に、それまでの活動の集大成として、中野で大掛かりなイベントが構想される。ステージ3にあたる「オリーブの祭典」である。

写真3－7　JR中野駅でのオリーブ贈呈

中野で「オリーブの祭典」が開催されたのは、2016年4月16日～5月21日の約1か月間である。2015年、6年の歳月をかけて、いわきで初めてオリーブオイルの搾油に成功したが、この搾油を祝い、いわきのオリーブを東京でもっと広めようと開催されたイベントである。主催はオリーブのはばたきの会であり、JR中野駅が特別に協賛した。

主なプログラムは次の3つである。

- いわきと中野をつなぐオリーブ列車
- 美味いっぴんオリーブ創作料理ラリー
- スタジオクッキングトーク（オリーブ料理実食会）

2016年4月16日午前9時9分、JRいわき駅を出発した「オリーブ列車」に、中学生といわき農業高校の生徒たちが乗車した。途中、オリーブの若木を松戸、東京、新宿などの駅員に贈呈しながら中野駅を目指した。常磐線から上野東京ライン、中央線快速、そして総武線を乗り継ぎ、約5時間で中野に到着した。東日本大震災により、常磐線の一部の駅は利用できない状態となっていた。JRにとっても復興に向かう象徴のイベントになった。

「美味いっぴんオリーブ創作料理ラリー」は、中野区内にある30の飲食店を巻き込んだイベントである。各店がオリーブを使った創作料理を提供し、参加者はお店をまわり、おいしいと思った料理に投票する。それぞれのお店ではスタンプをもらえるのだが、お店を多く回るほど豪華プレゼントが当たる可能性があるという、楽しみが広がっていくイベントだった。

「スタジオクッキングトーク」は、オリーブの祭典の締めくくりとして行われたオリーブ料理実食会である。いわきや中野の有名シェフが、織田調理士専門学校に集合した。日高良美さん（アクアパッツアのオーナーシェフ）、今野詠史さん（ダイニングキッチン・Ruu「月海」）、浜内千波さん（スプーン一杯！おなかがへこむオリーブオイルレシピの著者）の3人である。織田調理士専門学校の校長である石田稔さんも参加して、いわきのオリーブを使った創作料理を披露した。

中野の事例から、ボランティアのネットワークがどのように生み出されていったのかを具体的に知ることができた。最初は、吉田さん（いわき）と鈴木さん（中野）の古着リサイクルを通じた関係からネットワークが生み出されたことを確認できた。そして、いわきでは吉田さんが松崎さんと、中野では鈴木さんが藤原さんと旧知の間柄だった。こうして、中野で大きな支援を作りあげる藤原さんと松崎さんが出会うのだが、最初からオリーブの話をしていたわけではない。二人は「じゃんがらとエイサーの話で盛り上がった」のであり、実際にそれが具体的なつながりをもたらしてもいる。このことは、人と人がつながる際に「引き出しの多さ」が重要であることを物語っている。

中野における被災地支援がいわきへ特化していく次の段階（ステージ２）で、オリーブは文字通り主役となっていく。ボランティア・ネットワークの生成とは、もちろん人と人の信頼関係が広がっていくことなのだが、その際にオリーブという植物が重要な役割を果たしていることを強調したい。それは、原発事故という逆境の中、環境や健康の問題を、どうしても悲観的に考えがちであったいわき市において、オリーブの成長が参加者全員に「希望」をもたらすものだったからだろう。この「希望」は次のステージでは「確信」となって、中野での大掛かりな祭典開催へといたる。多くの人の思いを受け止めるほどに、オリーブは大きく成長していたのである。

4　Gakuvo

オリーブのプロジェクトを支えてきたボランティアの例として、前節では中野での市民による活動を紹介した。規模が大きく、かつ継続してオリーブを支援しているボランティア活動をもう一つ紹介したい。

Gakuvo、すなわち「公益財団法人日本財団学生ボランティアセンター」は、「学生のボランティア活動を支援し、次世代を担う人材を育成する」ことを掲げて、（その前身となる組織が）２０１０年に設立された（２０２２年に、日本財団ボランティアセンターへと名称変更）。東日本大震災が起きると、Gakuvo はチーム「ながぐつ」プロジェクトを開始し、これまでに３１０大学から延べ1万1000人を超える数の大学生を被災地に派遣してきた。

その第1陣は、2011年4月15日、宮城県石巻市で活動を行っている。初年度は200大学から5214名もの学生を被災地に送りこみ、2012年度以降もコンスタントに1000人前後の大学生を被災地に派遣している（最初の二年間の活動については、日本財団広報グループ［2013］参照）。

以下の記述は、Gakuvo 事務局の宮腰義仁さんと高野葉朗さん、そして19年4月まで Gakuvo に在職していた佐藤希美さんからの聞き取りに拠っている。なお、佐藤さんは、国際地域学科の卒業生である（2014年卒業）。在学中は、「世界の子どもたちの支援と青少年育成」を掲げるCFF（特定非営利活動法人 Caring for the Future Foundation Japan）の活動に熱心に参加していた。そして、青少年育成への関心から Gakuvo に就職している。

福島県いわき市への最初の派遣は、プロジェクト第60陣（2013年7月5日）からである。早稲田大学体育会アメリカンフットボール部 Big Bears の部員たちと、Gakuvo が全国から募集した学生たちが、オリーブの植え替え作業を行った。つづく61陣もいわきを訪問し、こちらは、オーガニックコットンの畑で除草作業を行っている（コットンについては次章参照。このほかのいわきでの活動には、フェイジョアの栽培農家である「ゆうゆうファーム」での農作業や、祭やイベントの手伝いなどを行っている）。当初、早大生の保護者から原発事故の影響を心配する声もあり、いわきでの活動開始にあたっては説明会を開催した。線量を定期的に観測していることなどを丁寧に説明したという。

原発事故の影響で、いわきへの学生ボランティアの派遣は、第1陣から2年あまりも遅れてしまった。しかし、２０１５年3月に石巻市での直接支援が終了した後は、「ながくつ」の活動は、いわき市に一本化されることになった。そして、東日本大震災の復興支援から、地域の社会問題への取り組みへと活動内容を変えながら、「ながぐつ」プロジェクトは、現在にいたるまで継続中である。２０１９年9月時点で、いわき訪問は２００回を超えて、第２０３陣である。災害ボランティアから始まった活動としては、異例の長さと言えるだろう。

いわきでの活動が立ち上がったのは、直接には、Gakuvo 臨時職員にいわき出身者がいたことによる。その職員の実家が、有賀行秀さん（北関東空調工業社長）の近所であったことから、有賀さんのところへ相談がもちかけられた。有賀さんの会社は、空調や水道等の社会インフラ整備を主たる事業としており、有賀さんの地域への愛着や責任感にも人一倍強いものがあった。多数の学生を受け入れる世話を買って出るとともに、旧知の松崎さんへとつないだことから、オリーブ等のボランティアニーズがある活動と Gakuvo がつながることとなった。栗山周桂さん（長源寺副住職）が、お寺を宿泊場所として提供してくれたことも大きい。

いわきへの派遣がつづいている理由としては、アプローチが容易だということもあるだろう。高速バスに乗れば、東京駅からいわき駅まで、3時間程度で到着する。実際、忙しい社会人の中には、

「日帰りボランティア」を繰り返している人も少なくない（第4章参照）。
とは言え、人々の耳目をひきつける大規模な自然災害は毎年のように起きている。Gakuvo でも、熊本地震（２０１６年）、九州北部豪雨（２０１７年）、西日本豪雨（２０１８年）等の被災地への派遣を活発に行っている。東日本大震災の直後ならともかく、過去3年の間も延べ３０００日／人の学生を、いわきに派遣しつづけることが可能となった積極的な要因はどこにあるのだろうか？
Gakuvo 事務局の宮腰義仁さんは次のように話している。

東日本大震災への関心は今でもあり、参加学生のモチベーションも高いんです。今の大学生は、震災発生時は小学生でしたから、東北へボランティアに行った経験のある人はほとんどいません。でも、一度は行ってみたいと思っていて、「ながぐつ」はその一歩を踏み出すのに、入りやすい作りとなっています。

東日本大震災という日本を揺るがした大災害であっても、今ネットでボランティアを探すと、Gakuvo 以外にはほとんど出てこないのが実情です。それで、たいていここにたどり着くわけです。「ながぐつ」経験者がインターンとして、活動内容を積極的に情報発信しているのも、大きな力になっています。

実際に、学生たちはどんな体験をして、どんなことを感じているのだろうか。参加者は少なかったが、震災3周年の節目となった第79陣を例に紹介したい。第79陣（２０１４年3月7日〜12日）

には、３つの大学から3名の学生が参加し、日本青年会議所主催の「復興創造フォーラム２０１４」とオリーブのボランティアに従事している。

この時期は、震災からちょうど3年目にあたっていた。復興創造フォーラムは、全国の青年会議所からメンバーがいわき市に集合し、防災や復興に関して議論をするするとともに、復興記念の植樹や追悼式などを執り行うという大規模なイベントであった。いわき市長をはじめとして、大臣、国会議員、そして著名なジャーナリストなども参加した。

3月８日は復興記念植樹の手伝いをした後、津波の被害の大きかった岩間や薄磯の視察に同行。バス内では、いわき青年会議所のメンバーから、震災当時の状況やいわき市の現状・展望について話を聞いている。

3月９日は、いわき市明星大学で行われたフォーラムの会場警備や誘導を担当した。パネルディスカッション等が行われている時間帯には、学生たちを会場内に配備して議論を聞けるように、主催者はアレンジしていた。

3月10日は、活動をオリーブプロジェクトに移している。舟生さんの指導に従って、まず、降雨が畑に溜まらないよう、畑の周りに溝を掘った。その後、翌日の小学校での挿し木体験に必要な準備をした。

3月11日の活動場所は、午前が四倉小学校、午後がいわき駅前の複合商業施設 LATOV である。四倉小では、地元のボランティア約40名と一緒に、高学年約１２０名に挿し木の指導をした。午後は、駅前のLATOVで行われた御家流いわき会による献茶式を見学し、発災時刻に参加者一同で黙祷を捧げた。

3月12日は、津波で壊滅的な被害を受けた久之浜地区の視察をした後、東京への帰途に着いた。

このように、「ながぐつ」では現場作業だけにとどまらず、被災地でさまざま思いを聞く機会を多く設けていることがわかる。その狙いについて、Gakuvoの髙野さんは「テレビやネットでは知ることができない、実際に被災され、立ち上がって活動してきた方々の生の声を聞く事ができる貴重な機会を提供したい」とする。

では、この活動を通して、学生たちはどんなことを考えたのだろうか。まず、行く前の気持ちについて、彼らは次のように記している。

●震災の日からずっと、今を生きる日本人として、同じ日本の人が大勢亡くなった東北の地へ行って、なにか手助けをしなければならないし、絶対に忘れることのないように、見て、記憶しておかなければならないと思っていました。しかし、実際にはあと一歩踏み出せず、何もしないで、なんとなく過ごしていました。

●ボランティア活動をしたいと思っていたものの実際に何をするのか、本当に力になれるのかと、不安要素がたくさんありました。

活動に参加した後の気持ちについては、以下のとおりである。

●現地の方の声を聞き、自分の立場で出来ることを再確認することができました。ボランティアが自らの心を満たすだけの独善的な行動にならないように、求められていることに応えられるよう、改めて自分を見直すことができたと思います。

●実際に行ってみて、まだまだやれることはあるのだなと思いました。テレビなどでは最近、福島の話題が少なくなってきていたので、なんとなく、福島はもうかなり復興しているのかな、ボランティアに行っても、あまり力にはなれないのかなと思っていました。しかし、行ってみて、3年たって復興してきた今だからできる、「震災の記憶を受け継いでいく」という仕事が残されているのだということを知りました。

●年月が経つと、震災のこともどうしても風化していってしまうと思います。同じことを繰り返さないために、私たちの世代が「こんなことがあって、大勢の人が亡くなったんだよ」と、自分の子供たちに伝えなくてはならないと思います。

佐藤さんは、在職中（2015〜19年）の学生の反応について次のように話している。

入職した2015年当時は、いわき訪問時、学生の間に緊張感が見られました。もちろん大方の市民が平穏な日常生活を送っていることは、いわき市を初めて訪れた人にもすぐわかります。しか

写真3-8　オリーブのビニールハウスで作業をする「ながぐつ」の大学生

し、津波に襲われた薄磯では、家の土台だけが残っていたり、瓦礫置き場になった豊間中もまだ残っていました。住民が避難した双葉郡の富岡駅周辺に立ち寄れば、駅や線路は壊れたまま。放射性廃棄物が詰まったフレコンバッグも、あちこちに積まれていて、警戒中のパトカーが走り回っている。日常と非日常が背中合わせのギャップに、泣き出してしまう学生もいました。

　被災地の現状について説明を受け、いわき市民と双葉郡からの避難者の間の軋轢についての話を聞けば、誰でも考え込まざるを得ません（第5章3参照）。

　もちろん、学生たちは多くのプラスの面も見ています。特に、オリーブやフェイジョアの畑に行けば、元気をもらって帰ってきます。夏休みや春休みには、定員10名の枠に毎回のようにキャンセル待ちが出るほどで、四国や九州からもコンスタントに参加がありました。

　いわきの方々の意識としても「いつまでも被災地ではない」という思いがありますが、Gakuvoの活動の意味合いにも変化があります。ここ何年か大きな災害が続いていることから、「もっと自然災害について学びたい」と参加する学生が増えています。たとえば、九州の学生が熊本地震や九州北部豪雨の被災地でボランティア活動に参加した後で、いわきにやって来る。あるいはいわきでボランティアした後に、地元での活動に参加するといった形で、双方向に影響を与える場にGakuvoがなっています。

これまでに40カ国の留学生が「ながぐつ」に参加したことも見逃せません。自分の国の防災・減災のインフラ整備に役立ててもらえればと思います。

5　松崎さんの苦難

ここまで記したように、オリーブを媒介に多くのボランティアを惹きつけるというＮＰＯとしての成果には大きなものがあるが、同時にこのプロジェクトは、オリーブを商品化して、ある程度の収益を上げることも目指さなくてはならない。しかし、いわき食彩館が倒産してしまい、松崎さんは大きな苦労を背負うことになってしまった。

いわきオリーブの商品は、もともと松崎さんが社長を務めるいわき食彩館が販売していた（食彩館のお店の名前がスカイストアである）。「新鮮な地元産品」の直売店であるスカイストアは、原発事故後、一度離れた買い物客を取り戻せずに苦労していた。「とりわけ、小さな子どもをもつお母さんたちが、なかなか戻ってきませんでした」と松崎さんは語っている。おじいちゃんやおばあちゃんが、自分が作った米や野菜を、孫に食べさせていいものかどうかと悩んでいたころである。「新鮮な地元産品の販売」を第一に掲げるスーパーにとっては、厳しい状況がつづいたのだった。それでも「身の丈」にあった経営をしていれば、倒産することはなかったかもしれない。

食彩館の経営が立ちいかなくなった要因として、松崎さんは、福島県緊急雇用創出基金事業の「いわき市発商社育成事業業務」(2012年9月26日―2015年3月31日)を受託したことを挙げている。それまでも、松崎さんは精力的に市や県の業務を受託し、活動を行っていた。しかし、金額が年間100万円単位だったのに対して(章末の助成金リスト参照)、この事業は1億円と桁が違っていた。いわきの特産品や食品を販売する人材育成として15名を雇用すること、そして会社組織にすることが受託の条件であったため、それまで任意団体だった「いわきいきいき食彩館委員会」は「いわき食彩館株式会社」となった。ここで、食彩館は非営利から営利へと転換したのである。

しかし、事後的に、経理、店頭販売、営業等の人件費には事業費を使うことができないという制限が課され、年度末の決算期に支給額を減額されるといったことが積み重なる。松崎さんは個人で総額3000万円近い借り入れをするなど、事業継続のためにかなり無理をしたが、結局食彩館は2019年6月に倒産してしまった(スカイストアも2017年8月に閉鎖となっている)。

ボランティアに活動してもらうには、実はそれなりのお金をかけて「舞台」を整える必要がある。そのために、NPO関係者は助成金獲得にあくせくしているのだが、その点についてはあまり口にしない。「せっかく、自分のお金や時間を使って遠くから来てくれるボランティアに心配させてはいけない」ということなのだろう。しかし、実際には少なからぬ経費がかかっているのであり、私たち「外から来るボランティア」も、そのことを理解する必要がある。

福島地方裁判所いわき支部へ提出された報告書（2019年4月8日付）に拠ると、債務負担の経緯は以下のとおりである（2019年6月にいわき食彩館株式会社の破産手続きを開始することが決定した）。

（1）2011年3月に東日本大震災が発生し、東京電力福島第一原発事故も発生した。いわき市は大変な風評被害を受けることとなった。いわき市やいわき商工会議所との深い関係を有していた松崎は、市の各種事業の民間委託先として活動し、避難所などへの移動販売事業、農作物や食品の放射能測定事業、さらには、風評被害の払拭のための活動なども行ってきた。

（2）東日本大震災後、多額の復興予算を背景に、いわき市は各種復興事業等の民間委託先を探していた。その一つとして、復興・風評被害の払拭という目的のために、地場産品を内外に発信するスタッフを育成する事業があった。

この委託事業は、以下の要件を満たさなければならないこととなっていた。

①　法人であること

②　15名以上の雇用を継続すること（うち8名は事業期間終了後も継続雇用すること）

③　委託料は概算払いで先払いされ、定期的にいわき市に事業内容を報告し、もし要件を満た

さない場合には、返還しなければならない。

（3）松崎は2012年11月、いわき食彩館株式会社（以下、食彩館）を設立し、その代表取締役に就任した。食彩館は、いわき市商工労政課や農林水産部と協力し、事業委託費を受領しながら風評被害の払拭、復興のための各種事業を展開した。具体的には、地場産商品の発掘、企画開発、販売網の開拓を行い、このような事業に従事できる人材の育成などを求められていた。松崎としては、これまでの事業の延長線上にあるものとして、いわき市発商社育成事業をとらえていた。事前のプレゼンでも同様の説明をしたつもりであり、そのような認識のもとで、2012年9月から同事業を開始した。

（4）ところが、2013年3月、いわき市から「補助金で雇用した従業員が、店頭販売や経理業務に従事している」との指摘があった。松崎としては、いわき市発商社育成事業のために、もともとスカイストアで雇用していた人材を再雇用したケースもあることから、これまで同様に事業を展開することに問題はないと考えていた。しかし、いわき市は食彩館に対し、委託業務に対する経費の一部返還を要求し、次年度の委託費との一部相殺を実行した。

（5）同事業は先払いで支払われており、すでに人件費等に費消した後であったことから、相殺されてしまうと、食彩館としてその補填をしなければならなかった。一方で、同事業のために雇用した従業員を解雇することもできなかった。途中で整理解雇して人数を減らすと、事業資金全体の返還を求められることになっていたからである。

返還分の赤字を補填するためには、会社としてその分多く利益を上げるか、食彩館や松崎個人として金融機関から借入するしかなかった。

(6) 同事業は2015年3月に終了したが、その際にもいわき市から清算金として約660万円の返金を求められた。4月、食彩館は約1000万円を借り、いわき市へ返還するとともに、足りない人件費等に充てた。また、2016年7月にも150万円を借り入れた。松崎はそれらの債務の連帯保証人になった。食彩館は、もともと営利を目的としない活動をしてきたことから、会社の信用で資金調達することが難しかった。松崎は個人名義での借り入れも行い、同社に貸し付けることで、会社の運転資金としたのである。

(7) 金融機関からの借り入れ資金を返済するために、食彩館は以下の新事業や経費削減を図った。

・高齢者施節への給食事業

・本店の移転

・従業員の一部解雇

しかし、売り上げを伸ばすことができず、2018年8月をもって、営業を停止した。社員は全員解雇となった（給与等の未払いはない）。

以上が、裁判所へ提出された報告書からの抜粋である（一部、補足インタビューの情報を追加している）。

助成金がオリーブや被災者支援の活動に大きく寄与してきたことは間違いない。NPO／ボランティアの活動を継続するうえで、自治体（や民間）の補助金・助成金が果たす役割が大きいことは、オリーブプロジェクトが獲得してきた助成金のリストからも確認できる。

この点を確認したうえで、食彩館の経営がうまくいかなくなった大きな原因として、非営利から営利への転換を促す「いわき市発商社育成事業業務」を受託したことを指摘せざるをえない。

この点をもう少し掘り下げて考えるのに、「かーちゃんの力・プロジェクト」が参考になる。「かープロ」は、原発事故により避難を余儀なくされたあぶくま地域（福島県川俣町山木屋、浪江町津島、飯舘村、葛尾村、田村市都路町、川内村）の「かーちゃん」（女性農業者）たちが、故郷の味を作りながら自立を目指すべく立ち上げた。復興庁の「新しい東北」復興功績顕彰（平成28年度）を受賞していることから、モデル団体と呼んで差し支えないだろう。

このプロジェクトも、オリーブと同様にさまざまな助成金・補助金を活用しているが、その後の展開に大きな影響を与えたのが、「地域雇用再生・創出モデル事業」である。「10名以上を雇用」し、「将来的な事業の自立による雇用創出が期待される事業」であることという条件が付いていた。

この「かープロ」を支援した塩谷弘康さんと岩崎由美子さん（福島大学教員）は、『食と農でつなぐ　福島から』（2014年、岩波書店）において、次のように記している。

――だが、かーちゃんたちと一緒に走り続けてきて、本当にこのままでよいのか、私はふと不安になる。プロジェクトの原点は、ロゴマークにもある「かーちゃんたちの笑顔」である。加工品がうまくできた、たくさん売れてお客さんに喜んでもらった、地域に役に立っている。そんなときの表情だ。支援される＝与えられるだけの存在ではなく、必要とされる存在に戻ること。

しかし、地域雇用再生・創出モデル事業が始まって半年ほどたったころ、その笑顔に陰りが見え始め、一年が経過すると、仕事を辞める人も出始めた。体調不良だったり家庭の事情だったり、理由はさまざまだが、構造的な問題があるように思う。それは、プロジェクトが当初目指していたものと、事業目標とのズレである。

［塩谷・岩崎2014：35］

事業を実施するうえで、あまりにも形式的にすぎることに悩まされながらも（たとえば、かーちゃんのリーダーは「経営者」であり、同事業の資金を使って「雇用」することができない）、かープロはその活動を着実に展開していく。同書の大部分は、苦境から、かーちゃんたちがいかに立ち上がっていったかという内容であり、多くの読者を勇気づけるものである。しかしながら、そのような素晴らしい活動においてさえ、エピローグで、塩谷さんと岩崎さんは次のような思いを吐露せざるをえなかったのである。

かーちゃんたちは、次第に経済的自立という目標を実現するためのノルマ達成に追われるようになり、少なからぬかーちゃんたちが仕事を辞めてしまった。事業高追求から生じる負担感と多忙化が大きな理由の一つである。

「かープロ」のはじまりは、「できることからはじめたい」「地域のために何かやりたい」というものだった。

だが、その後、前出のモデル事業を導入することについて、かーちゃんたちは時間をかけて話し合う余裕がなかった。自分たちが自主的に決めた目標であれば、多忙の中でやりくりをして進んでいくモチベーションが生まれるだろうが、五十嵐さんの「他人の計画のままに無我夢中でつくらされている」という言葉は、まさに、助成事業の目標と自分たちとの思いとのズレが拡がっていたことを示している［塩谷・岩崎2014：203, 204］。

同書での指摘を踏まえたうえで、松崎さんを近くから見てきた菊田清一さんの意見を紹介したい。菊田さんは1946年いわき市生まれで、長年コンビニエンスストアの経営に従事してきた人物である。ギャラリー経営も行っていることから、松崎さんとは平サロン（地元の美術・音楽の発表の場として空き店舗を利用する「中心市街地活性化」事業。前出）の頃から、およそ20年の付き合いがある。

私と松崎さんとのお付き合いは、平サロンのころからですから、かれこれ20年になります。この平サロンもいわき市の助成金を活用したのですが、助成金終了後も松崎さんは事業を継続したんですね。そういう事例は少ないので、市や商工会議所も松崎さんに注目したわけです。松崎さんは引き出しが多く、いわきの地域活性化にいろいろな形で実行力を発揮していくのを私は見てきました。そして、そういう流れの中で、1億円ものお金がオリーブに付きました。しかし、これはNPOの選択としては、間違いだったと私は思います。結果として松崎さんも信用を失うことになってしまったのは、本当に残念です。

NPOとしてのオリーブは、いわき市で「みんなにオリーブを植えてもらう」、商売抜きで、そういう方向に行くのがよかったと思います。一般家庭でのガーデニング、小学校や中学校の校庭、企業の敷地など、いろいろなところにオリーブを植えていく。さらには、原発事故で大きなダメージを受けた双葉郡にオリーブの森をつくる。そうやって行けば、夢が大きく広がっていったんじゃないか。

その一方で、オリーブに「商品」としての魅力、可能性があったのも確かだと思います。でも、それは松崎さんじゃなくて、もっとビジネスマインドがある人、ドライに損得計算ができる人がやるべきだったんじゃないか。私も商売人なのでよくわかるんですが、NPOと企業は違うんです。ビジネスとして、助成金なんかもらわなくても資金のめどがつけられないといけません。

私は地元で芸術活動にもたずさわっていて、役所から助成を受けたこともありますが、やっぱり使い勝手はよくありません。いろいろ足枷がある。ましてや、非営利の活動を営利に変えていくという助成金は、NPOの活動を変質させ、夢をこわしてしまっているんじゃないかというのが、私の率直な感想です。

私は、松崎さんが食彩館の事業を閉める際にお手伝いしたんですが、ふつう破産した人のところに人は集まりません。松崎さんという人物に魅力を感じて、ずっと応援している人がいわきには何人もいるわけです。松崎さんは芸術にしても、地域活性化のアイディアにしても、いろいろな引出しを持っている。まだ私が見せてもらっていないものもあるはずです。これからも、いろいろな形で地域に貢献してもらいたいと思っています。

『食と農でつなぐ　福島から』には、次のようにも記されている。

農山漁村に本当に必要なのは、巨大資本が主導する「六次産業化」よりも、住民一人ひとりの定住を支える価値観、それに基づく地域の運営ではないか。六次化産業の原点は女性農業者たちの小規模な加工や直売活動だったはずだが、国や県の目指す大きな「六次化」は、付加価値の増大による市場性と経済性の追求に傾斜しているように見える。〔塩谷・岩崎2014：210〕

いわきオリーブのケースでも、「非営利」から「営利」への性急な転換や「事業の実施にあまりにも形式が求められる」ところはなかったのだろうか？（この点については、速水2017も参照されたい）。より多くのケースを集めて、構造的な問題として検討することが求められていると言えるだろう。

いずれにせよ、この逆境のなかで、「何としてもオリーブの販売は成功させないといけない」という信念から、松崎さんは「いわきオリーブ株式会社」を２０１８年４月に立ち上げていた。地元の運送、土木、人材派遣等の会社が、いわきオリーブの未来に期待し、出資してくれたおかげであった。しかし、ほどなくして食彩館が倒産したため、松崎さんは同社の社長を継続できなくなってしまう。松崎さんと一緒にオリーブプロジェクトを牽引してきたのは、木田源泰さんと舟生仁さんであるが、後任の社長は木田さんが務めることとなった。

この一連の経緯を、松崎さんは多くのボランティアに伝えず、自分で背負ってきた。これはいわきオリーブの個別ケースにとどまらず、地域活性化のプロジェクトが構造的に抱えている問題かもしれない。そう考えて、ここに書きとめる次第である。

▒助成金リスト（金額は，１万円以下を四捨五入）

これらの助成金のうち，いわきオリーブプロジェクトが受託したのは（採択されたのは），県農商工連携ファンド３回（2010，11，12年度），復興庁「心の復興」事業（2015年度），そして「元気なふくしまっ子「食」体験・交流促進業務」（2016年度）である。そのほかは，いわきいきいき食彩館委員会（2012年度以降は，株式会社いわき食彩館）。

2008年	いわきいきいき食彩館委員会発足。	
2009年度	いわき市市民協働部「元気なまちづくり事業」	90万円。
	福島県いわき地方振興局「いわきいきいき食彩館開設事業」（地域づくり総合支援事業）	100万円。
	福島県ふるさと雇用再生特別基金事業「地場産品販売宅配サービス事業業務」	650万円。
2010年度	産業・産学連携共同活動奨励事業30万円。	
	県農商工連携ファンド	500万円（オリーブ）
	福島県ふるさと雇用再生特別基金事業「地場産品販売宅配サービス事業業務」	946万円
2011年３月11日東日本大震災		
2011年度	県農商工連携ファンド	400万円（オリーブ）
	福島県緊急雇用創出基金事業「地場産品販売宅配サービス事業業務」	946万円
	福島県緊急雇用創出基金事業「いわきの農林水産物活用促進事業業務」	464万円
	福島県緊急雇用創出基金事業「避難住民等に対する買物支援事業業務」	643万円
2012年度	県農商工連携ファンド	300万円（オリーブ）
	福島県緊急雇用創出基金事業「いわき市発商社育成事業業務」	8657万円
2013年度	福島県緊急雇用基金創出事業「いわきの農林水産物活用促進事業業務」	923万円
2014年度	福島県緊急雇用創出基金事業「いわき産農作理解促進事業」	923万円
2015年度	福島県緊急雇用創出基金事業「いわき産農作理解促進事業」	923万円
	復興庁「心の復興」事業「被災者支援事業」	505万円（オリーブ）
	福島県「元気なふくしまっ子「食」体験・交流促進業務」	49万円
2016年度	福島県「元気なふくしまっ子「食」体験・交流促進業務」	100万円（オリーブ）

コラム3　災害ボランティアに出かけて被災しそうになった話

２０１２年から何度となく学生を引率していわき市を訪問してきたが、この間大きなトラブルはほとんどなく、活動を継続してきた（実際の活動の一部分を、つづく第４章で記している）。しかしながら、２０１９年10月オリーブの畑を訪問した際には豪雨に見舞われ、学生と一緒に被災する可能性があった。現在、ボランティアやフィールドワーク系の実習は日本中の大学で実施されている。危機管理の参考になればと思い、所属学科に提出した報告書をもとに、当日の行動の検証をここに掲載する。

悪天候時のボランティア実習Ｉ（２０１９秋）実施に関する問題点

10月25日の作業は、豪雨のため二次災害の危険もあったことから、27日にオリーブプロジェクトのリーダー松崎康弘さんと、当日の行動を検証した。また、地方紙を参照して、当日の状況の客観的な把握につとめた。

期間：10月25—27日
場所：福島県いわき市　平中平窪（たいら　なかひらくぼ）、オリーブプロジェクト作業場。

参加者：子島＋学生23名（国際地域学科）

1　経　過

東日本や東北地方では、25日から26日にかけて大雨となる恐れがある。台風19号で甚大な被害を受けた地域は、被災後最も多い雨量が予想され、気象庁は河川の氾濫や土砂災害への警戒を呼び掛けている。予想雨量は福島100—200ミリ（10月25日の毎日新聞朝刊「被災地再び大雨警戒」より）。

8：00　東京駅を高速バスで出発した。右の新聞記事など悪天候の予想があったため、いわきの様子を電話で聞いたところ、「雨はまだポツリポツリ」との返信だった。

このころ、いわき市内の学校は通常通りの登校としたが、ほとんどが授業を午前中だけとし、繰り上げ下校を指示していた（10月26日（土）福島民友朝刊）。

11：00　いわき駅到着。古滝屋（宿泊先）のマイクロバスに乗り換え、10分ほど離れた平中平窪のオリーブハウス（300㎡ほどの苗木置き場）に到着。

ここは、台風19号（10月12日）の際に、夏井川とすぐ近くの用水路から浸水があり、被害を受けた場所である。水は翌日にはひいたが、その後断水していたため、復旧作業に取りかかることができないでいた。片づけをしなくてはならない浸水住宅が多いことから、いわき市内のボランティアの確保が難しく、東洋大生にぜひ手伝いをお願いしたいと要請を受けての訪問だった。

12：30　昼食後、オリーブプロジェクトのメンバー、市内ボランティア数名、ならびに東洋大生の計30名で作業に着手。午後になり、雨は激しさを増す。

14：00　平中平窪を含むいわき市内各所に避難勧告が出る。午後４時まで作業の予定だったが、松崎さんと相談して作業中止を決定。古滝屋に戻っていたバスを呼ぶ。

写真コラム３－１　25日、オリーブハウスの片付けをする東洋大生。この後、作業を中止し、宿舎に戻ることになった。

写真コラム３－２　27日、天候が回復し、野外で片付けを行う

15：00―15：30　バスで湯本の古滝屋に移動。道路状況等は特に問題なし。

この日、平の実際の雨量は、198ミリに達した（10月27日（日）福島民友朝刊）。途方もない豪雨の中、ボランティア活動を行っていたことになる。

26日以降は、天気が回復し、予定通りに行動した。コットン畑ならびにリプルンふくしまを訪問し、27日には再度オリーブ畑で作業を行った。

2　問題意識：もっと早い時点で、活動中止（延期）を決めるべきではなかったか？　後付けではあるが、中止を判断すべきタイミングを考えてみた。

（1）前日に延期を決定

雨が降ることはわかっていたが、屋内の作業であることから延期を検討しなかった。

（2）東京駅集合の時点で延期

実際に降った雨の量を考えると、この時点でいわきへの出発自体を見合わせる判断ができれば最もよかった。しかし、いわきからは「雨はまだポツリポツリ」との連絡であったことから、見合わせを検討することなく出発した。

予備日程を組んでいないことから、実際には延期は難しいと、頭のどこかで思っていたのかもしれない。

（3）いわき駅到着後、古滝屋へ直行

雨は強くなってきていたので、この時点で当日の作業を見合わせる判断もありえた。

（4）午後2時に避難勧告が出た時点で、すぐに古滝屋へ移動

今回の実際の行動において判断ミスが明確に認められるのは、バスを一度古滝屋に戻したことであった。もしバスが何らかの事情でオリーブハウスにたどり着けなかった場合、２４名で近くの避難所に向かうこともあり得た。バスを現場にとどめ置くべきだった。

（5）午後3時、バスの到着を待って古滝屋へ移動

実際に取った行動がこれである。避難勧告が出た時点で協議し、作業中止を決定。バス運転手に、急ぎ来るように電話連絡した。4時前には宿舎に到着することができた。

松崎康弘さんのコメント

いわき市は東京23区の二倍の広さがある。当該地区の状況を見きわめて、現場で迅速に判断するのがベストだと考える。（5）で問題はなかったと考えるが、バスは帰さないでおくべきだった。

（1）あるいは（2）の場合

実習科目では延期する場合を考えて、（たとえば翌週に）予備日程をあらかじめ設定する必要が出てくる。予備日程があれば、延期の判断をより的確に下すことができる。予備日がないと中止の判断をためらう要素となる。ただし、予備日の設定に関しては、今回参加した学生の反応は否定的であった（実習後の最初の講義でのディスカッションより）。また、宿泊先の予約や受け入れ先ＮＰＯとのスケジューリングも簡単ではない。

（3）の場合

実習先に行ったものの、作業がまったくできない状況になった場合の代替措置の検討（今回、26日以降も作業不可の可能性は低かったが、0ではなかった）。

現地宿舎での「座学」を、「実習」に振り替える可能性について議論する必要がある。

提　案

Ａ　実習に関しては、なるべく予備日を設定する。

Ｂ　予備日を設定できない事案もありうる。その場合には、事前に単位取得ができないこともあると、学生に説明する。一例として、以下の文章を考えてみた。

「悪天候等によって実習が中止になる場合もあります。その際には代替措置を検討します。しかし、代替措置を取れない場合には、単位を取得できなくなります。的確かつ迅速な中止の判断は命を守るために必要なことですから、参加学生の皆さんも十分理解しておいてください」

何をもって「代替措置」とするかについては、あらかじめ具体的に決めないでおくほうが現実的かもしれない。

C　「現場では移動手段を常に確保しておく」を指針に含めてよいかもしれない。

第4章　天空の里プロジェクト

本章で取り上げる「天空の里山プロジェクト」は、「ふくしまオーガニックコットン」のいわばスピンオフである。コットンがきっかけで福島裕さんの畑を訪れるようになったボランティアが、やがて福島さんの集落活性化の活動に惹きつけられ、独自の動きになっていった。コットンは今でも活動の要ではあるが、天空の里山プロジェクトは独自の方向性をもって広がりつつある。コットンのプロジェクトもオリーブと並ぶ広がりをもっているが、ここでは、よりミクロな動きに注目したい。

1 ふくしまオーガニックコットン

ふくしまオーガニックコットンを開始したのは、第2章ならびにオリーブプロジェクトに登場した吉田恵美子さん（NPO法人ザ・ピープル理事長）である。震災前から、いわき市で活発にNGO／ボランティア活動に従事してきた人物の一人である。コットンプロジェクト立ち上げの経緯については、吉田さん自身が『フクシマから日本の未来を創る』（吉田・島村［2013］。早稲田大学ブックレット「震災後」に考えるシリーズの一冊）で詳述しているので、ここでは簡単に紹介するにとどめたい。また、その後のプロジェクトの展開については（大和田・吉田・栗林［2021］、速水［2017］）で知ることができる。

震災後、それほど時を経ずして、津波で塩を被った農地で耐塩性の高いコットン（綿花）を栽培し、商品化するというプロジェクトが始まった。「東北コットンプロジェクト」である［宮川2014］。そのＨＰを見ると、早くも２０１１年6月18日に、仙台市若林区荒浜の畑でコットンの種まきをするボランティアの姿を確認することができる。津波の被害がことのほか大きかった地域であり、畑の周りには、まだがれきが残っている状況での出発であった。

塩害に強いだけではなく、放射性物質の移行係数も低いのがコットンの利点である。また、食べ物ではないので、当時いわきのお母さんたちがことのほか気にかけていた「内部被ばく」を心配する必要もない。東北コットンプロジェクトのことを知ったとき、吉田さんは大きなインスピレーションを得た。原発事故後の苦境にあえぎ、「丹精こめて作った野菜を、かわいい孫に食べさせてよいものか」と悩む農家を、なんとか支援したいという願いは切実だった。しかし、震災の発生以来、さまざまな支援を息つく暇もなくつづけていた彼女にとって、新しい事業の立ち上げはそう簡単に踏み出せるものではなかった。

その背中を押したのが、オーガニックコットン専門の会社「アバンティ」の渡邊智恵子さんである。渡邊さんのアドバイスを受けて、いわきでは、日本の在来種である茶綿をオーガニックで栽培することになった。信州大学から研究用に栽培している茶綿の種を特別に提供してもらい、２０１２年春、いわき市内15カ所（計１・５ヘクタール）の畑でコットン栽培がスタートした。

原発事故で環境にダメージを受けた福島だからこそ、環境に配慮した方法を選びたい。この思いがプロジェクトの根幹にあったが、実際には誰もコットンを栽培したことがなく、文字通り手探りのスタートとなった。

その一方で、このプロジェクトの強みは、市民目線での活動を重視してきたＮＰＯが主導することで、さまざまアクターが栽培に参加してくることにあった。農家を中心に、ＮＰＯ、企業、大学から多くのボランティアがコットン畑に集まった。

また、吉田さんたちは、次の３つの要素をからめて、市内の小中学校でコットン栽培指導を行ってきた。

（1）環境教育：オーガニック栽培の意義やコットンの特性を知ってもらう。

（2）産業教育：コットンからどのような商品が作られるのかを学ぶ。

（3）震災教育：福島県でコットン栽培が始まった経緯を通して、東日本大震災と原発事故について学ぶ。

２０１５年には、「第7回太平洋・島サミット」の夫人交流プログラム（首脳夫人と子どもたちの交流事業）として、コットン苗の定植作業が採用されたこともあり、ザ・ピープルのコットン栽培指導は市内の30校に広がった。原発事故後のいわきで、土や水について学びながらコットンを有機栽培で育てる。このことが子供たちへの環境教育としてもつ意味は計り知れないだろう。

さて、コットン栽培は3月に土を耕す作業から始まる。5月に種蒔きをすると、6～7月にかけて成長する。8月になると背丈が約1メートルになり、下から順番に花が咲き始める。そこから40

日後の9月上旬にはコットンボールがはじけて、中からコットンが出てくる。収穫のピークは11月頃となる。収穫後は、枯れた根や茎などを抜いて、その年の栽培は終わりとなる。

この一連の作業を手伝うために、2012年〜16年の4年間に、全国からのべ1万5000人がコットン畑を訪れた。企業としては東京スター銀行、味の素冷凍食品、日清製粉、パタゴニアなどの社員有志がいわきを訪れている。中でも、ブリジストンからの参加が飛びぬけて多く、計72回（2011〜17年）、延べ1500名を超えるグループ従業員とその家族がコットンプロジェクトに参加している。やや遅れて、恵泉女学園大、聖心女子大、東洋大、名古屋学院大、山口大、早稲田大など日本各地から大学生が訪れるようになっていった。

先にコットンは食べ物ではないと書いた。収穫したコットンから、ハンカチやTシャツを作って販売する事業にも吉田さんたちは乗り出すことになる。この活動には高い社会的意義が認められるが、まったくの手探り状態から、コットン製品販売を「採算のとれる事業」に育てていくことのハードルは、きわめて高かった。2013年、NPOであるザ・ピープルからコットン事業を独立させる形で「いわきおてんとSUN企業組合」が設立され、コミュニティ・ビジネスとしての可能性を追求することになった。

おてんとSUNの理念については、創立メンバーの里見喜生さんが東洋大生に説明した時の記録が残っているので、そちらを参照したい（2018年5月12、13日の二日間、国際地域学部の学生

33名ならびに教員4名が、いわき市ならびに双葉郡を訪問)。

2011年3月11日以前の生活は、「便利さ、ぜいたく」を「あたりまえ」のこととして追い求めるものであり、それについて反省することはありませんでした。しかし、原子力災害が起こり、身の丈以上の生活、つまり「もっと便利、もっとぜいたくな生活」を追求した結果の「つけ」を払わされたということに、私たちは気づきました。

東日本大震災による福島県での死者は、大きく二つに分けられます。地震や津波といった自然災害の死者は1605人です。この数字は2011年3月以降、変わりません。一方、原子力災害による関連死は今も増え続けていて、2180人になりました。今日、みなさんが訪問した復興公営住宅でも自殺者が出ています。賠償金の有無で、原発事故の被害者に対して、いわき市民の間にねたみやひがみが生まれ、良好な人間関係を築くことが難しくなったこともありました。

原発事故の直後、私たちは避難や放射線の安全性をめぐって本当に苦労しました。そして、あの事故の原因がどこにあったのかを真剣に考えました。もちろん、原発の安全性に対する反対意見、異なる考えを寄せつけなかった東京電力という会社の方針に問題があり、その意味では人災、犯罪に近い人災でした。東電の責任は大きいです。しかし、コンセントを差し込むだけで電気が来る生活を求めていたのは、私たちです。便利さに慣れて、自分の暮らしと向き合ってこなかったことが本当の原因ではなかったのか。

「では、生活と向き合おう」

これが、いわきおてんとSUNの根本にある考えです。具体的には、衣・食・住に向き合う活動を行っています。

衣を担当するのが、ザ・ピープルで、もともと衣料のリサイクルを行っていました。今は「コットンを一から育てる」ことで、より深く衣の問題が見えてくるようになりました。日本のコットン自給率は0パーセントですが、それでもTシャツ1枚が500円で手に入ります。どこから来ているんでしょう？　極端に低い時給で働かされ、ヘリコプターによって散布される農薬を浴びている人、あるいは子ども（児童労働）が、どこかの国にいるからではないでしょうか？　いわきの小学生もコットン作りに参加しながら、勉強しています。みなさんもぜひ調べてみてください。

さらに農家と協力して自分たちで農産物を育てることによって食をめぐる問題についても、いろいろなことがわかってきました。みなさんは明日、福島さんの畑を訪問しますが、あの集落にある耕作放棄地はおよそ9割に達しています。生産者にもっと感謝する必要があるんじゃないでしょうか？　そのことを考えてみてください。


おてんとSUNのコットンビジネスとしての展開は、さらに酒井悠太さんが設立した「起点」に引き継がれている（2019年4月設立）。詳しくは、酒井さんのコラム（199ページ）を参照されたい。

福島裕さんが、吉田さんの勧めに応じて、ふくしまオーガニックコットンに参加するのは

２０１４年のことである。「上柳生を何とかしたい。外から人が来る仕組みを作りたい」という福島さんの想いが、ここから少しずつ形になっていくこととなる。

2 福島裕さん――アウトサイダーにしてインサイダー

本節は、子島ゼミに所属していた野口真也さん（当時国際地域学科3年）と池谷梓さん（4年）が、福島さんの講演（２０１７年秋の白山祭）を学科ＨＰ用に記録した文章を元にしている。本書をまとめるにあたり、福島さんへ追加インタビューを行い、大幅な加筆修正を行った。

福島裕さんは、１９４９年、東京の赤羽で生まれた。高校は2回退学して、大学には行っていない。20代前半、一度社会に出るが、そこで勉強の大切さがわかり、高校の通信教育を始める。しかし一年でやめてしまう。兄の影響で出版社に入りたいと思い、知り合いの紹介で出版社に就職し、10年間勤めた。

その後、30代前半で独立し、仲間と出版社を立ち上げたのだが、思うように本が売れず倒産してしまった。当時は学生運動が盛んで、左翼的な本を出したかったが難しかった。東京にいられなくなって、いわきに移り職探しをする。しかし、それまでの経験が役に立つような仕事を見つけられず、いわきでも職を転々とした。最後に、コンビニに商品を配送する会社を自ら立ちあげ、この仕事を２００９年までつづけた。

いわき市に移り住んで数年を経て、福島さんは草野清子さんと結婚した。彼女は、以前に半年ほど働いたお菓子屋さんの同僚だった。会社を立ち上げたころに街中でばったり再会したことがきっかけでお付き合いが始まり、やがて結婚することになった。

夫婦で住んでいたのはいわきの中心部の平だが、数年後、義理の父が倒れ、入退院を繰り返すことになる。二人は義母を一人にはしておけず、実家のある四倉町の上柳生に移り住むことにした。福島さんは、義母の畑仕事を手伝う形で、農業を始めたのだった。

写真４－１　2017年の白山祭で話をする福島さん（正面左側）

> 結婚したのは１９８７年です。そのころの上柳生の人口は10世帯で50-60人でした。その数年後に移り住んだときも、人口はそれほど変わっていませんでした。

町の中心であるＪＲいわき駅から車で20分程度の距離にもかかわらず、上柳生には「隠れ里」の趣がある。いわき駅から北へ向かうと、フラワーセンターのある石森山の頂上を越えて、ちょうど山の裏側に集落は位置している。一方、集落の北を流れる仁井田川の方向から入ろうとすると、今度はふもとの森を通り抜けるつづれ折りの山道を行くことになる。大型バスは通れない、狭く急な坂道である。森にさえぎられて、川沿いからは集落があることすら、まったくうかがえない。ただし、お米は仁井田川沿いの田んぼで作っており、川沿いの集落と上柳生との間には日常の行き来がある。

このように地形的には奥まった場所にある集落なので、比較的最近になってから開かれたのかというと、そうではない。上柳生で一番古い家は渡辺家で、戦国時代の豪族にさかのぼるという。かつて、この集落の上に山城があったと言い伝えられており、渡辺家はそこを守っていた。おそらく草野家も、この一族に仕えていたのだろう。

天空の里山という名前は、義理の母親が言い出したんです。彼女はいわき出身ですが、海に面した新舞子の生まれです。そう、松林があったおかげで、津波の被害が比較的少なくてすんだ場所です。その浜から上柳生へ嫁に来て、山の暮らしになじむのに苦労したそうです。慣れてくると、森に囲まれていながら、ぽっかり空が開けているこの場所が好きになった。それで、天空の里山だというわけです。

上柳生の集落では、野菜を中心に栽培している。昔は、果樹栽培も盛んだったとのことで、今でも多少は柿や梨などが残っている。そして、周囲の森の中では山菜がふんだんに取れるのだが、山林で自生する山菜には基準値（100ベクレル／kg）を超える放射線が検出される恐れがあり、

２０２２年現在でも一部に出荷制限がかけられている（制限が解除される品目は次第に増えている）。

山には畑を荒らすイノシシ、タヌキ、キツネなどがいる。福島さんは、猟でとったイノシシを食べさせてもらった記憶があると言う。

上柳生に移ってきて、兼業農家になったわけです。仕事の空いている日だけ、畑に出ていました。農地は畑が２０００坪ほど、田んぼ１０００坪ほどです。畑では主にじゃがいもを作っていました。自家用に米や野菜も。そのころは農薬を使っていました。

２００９年に退職したのを機に、福島さんは本格的に農業を開始することとなる。

当時、私は58才でしたが、他に誰も継ぐ人がいない。それで一年以上考えて、決めました。心情としては、「代々受け継がれてきた土地を、荒れないように維持します」ということでした。ですから、お金を稼ぎたいという気持ちで始めたわけではなかったのですが、やってみると意外に多くの収穫があり、面白くなりました。形がふぞろいで、ＪＡや市場に出荷できる「品質」ではなかったのですが、売り先を探したところ、地域の直売所（現在の四倉道の駅）と連絡がとれました。そのころから直売所で新鮮な地物を売るのが流行りだしており、売り先を確保することができ

ました。

農業の面白さに気づいた福島さんは、農作業をほぼ途切れることなく通年でやり始める。2011年1~2月は、春からの播種の準備をしていた。そして3月11日、東日本大震災が発生。その時は揺れがすごかった。家は壊れなかったが、さまざまなものが倒れ、ひどい状態になった。家や畑は海岸から8キロほど内陸にあるので、津波の影響はまったくなかった。しかし、余震がひどく落ち着かなかった。

この時点では、「原発のことは考えもしなかった」と福島さんはふりかえる。

原発のある双葉郡を訪れたこともありましたが、当時は「原発安全神話」なるものがあり、大丈夫だと思っていました。3月12日に原発で水素爆発があっても避難しませんでした。テレビでは、枝野官房長官が「健康にはただちに影響はありません」と繰り返していました。

3月15日、4号機で水素爆発が起きました。高齢の義母のことが気にかかり、東京へ行くことを決意しました。「もし爆発したら100キロは逃げろ」という話を聞いたことが、頭の片隅にあったんです。

しかし、福島さんの実家がある赤羽は東京北区の交通・商業の中心であり、人も建物も多い。1

カ月もすると、都会の喧騒に疲れた義母は「いわきに帰りたい」と言い出した。

「もう安全だ」と思ったわけでは決してなかったんです。しかし、80才の年寄りに慣れない都会暮らしを強いるのは、かわいそうです。畑のない狭いところではストレスもたまるでしょう。放射線の健康被害が出るのは何十年後で、すぐに影響があるわけではないと自分に言い聞かせ、四倉に戻ることにしました。5月中頃に戻りましたが、そのとき水道はまだ通っていませんでした。いわきでは、4月11日に死傷者も出るほどの大きな余震があり、インフラも再度ダメージを受けていたんです。畑の作物は、ほとんど枯れていました。

8月、ようやく線量の測定を開始することができた。それまでは測定したくても、品薄で測定器を入手できなかった。この時点での空間線量は、おおよそ1ミリシーベルト／年程度であったが、5ミリシーベルト／年という高い値を示す場所もあった。

農林水産省の職員が来て、福島さんの畑の中心と隅の4カ所の土を調査した結果、栽培可能ということになった。これまで通り、冬用のダイコンや白菜の種をまいた。できた野菜は、まずサンプルを国指定の検査機関に送り届ける。1週間ほどで検査結果が出て、安全であることが確認できると、道の駅に出荷した。

畑仕事を再開したころ、東電に対する農業の被害額の請求が始まった。被害は自分で計算するのだが、東電は過剰請求を警戒して、多くの証明書類の提出を要求してきた。しかし、地震で家の中がたいへんな状態になり、あわてて東京へ避難していた。そして当然のことだが、そのような請求書類を準備するつもりはなかったので、追加の資料を求められても、簡単にはそろえることができなかった。

申請窓口が混雑していて、待ち時間も長かった。ようやく自分の番になると、いろいろ質問され、追加の書類を要求される。単純に前年度の実績が認めてもらえるわけではないんです。私のように個人で出荷している場合、農協が手助けしてくれるわけでもない。農作業も忙しくなってきて、ああ、これは手続きがたいへんだと請求をあきらめました。

結局、福島さんは請求を辞退し、自主避難に対する賠償金だけを受け取った。その金額は、大人は1人8万円、18歳以下は1人40万円と決められていた。大人が3人の福島さん一家が受け取ったのは総額で24万円だった。

震災以降、2011年を通じて、いわきの市場に地場産品が出品されることはほとんどなかった。買い手がいないため、値がつかないからである。

——当時は、家庭菜園の延長のようなものだったのですが、それでも、いわきの産品はいつになった——

ら買ってもらえるのだろうかと、不安が頭を離れなかったですね。見えない放射能に脅かされる生活は、本当にしんどかった。そういうしんどい状況で、同じ集落で自殺者が出てしまいました。私に農業の指導をしてくれた先輩です。専業農家として、キノコや山菜を主に生産していましたが、山菜類は移行係数が高く、線量も高く出ます。まったく先が見えない状況の中で、ノイローゼになりました。話を交わす機会があっても、見るからに元気がなく、会話がかみあわない。そんな状態がつづいて、だんだん畑で働く姿をお見かけすることもなくなっていきました。そして、2012年に入って、その方は自ら死を選びました。

2012年の夏ごろから、いわき市のモニタリングチェックが整ってくる。「見えない放射能」が、だんだんと数値化されていくようになったのだ。そして2013年秋、福島さんはザ・ピープルの吉田さんの話を聞いて、「コットンをやってみよう」と思った。

コットンには、二つの理由から参加しようと思いました。まず、コットンをオーガニック栽培することで、原発事故で傷ついた環境を復元するというだけでなく、世界的な視野から農業と環境の関係を考えたいという思いがありました。コットン栽培に関しては、世界的に農薬の使用過多と農家の健康被害が問題となっています。栽培を始めるにあたり、他の作物にも農薬や化学肥料を使わないことにしました。

もともと農業を始めたときから「農薬はよくないのでは？」と思っていました。しかし、悩みながらも2013年いっぱいまでは農薬を使っていました。コットンに参加したことで、大和田順子さんとつながり、小川町の金子さんや喜多方の浅見さんを紹介していただきました。それまで、自分でも少しずつ勉強していたのですが、実際に農場を訪問したり、お話をうかがったりしたことで有機農業についての理解が深まった気がします。

大和田さんは、長年、各地の農山村を歩き、農商工連携や都市農山村交流を通じた地域活性化の研究と実践にたずさわってきた。『アグリ・コミュニティビジネス　農山村力×交流力でつむぐ幸せな社会』（2011年、学芸出版社）という著書があり、有機農業のパイオニア金子美登（かねこよしのり）さんの「霜里農場」（埼玉県小川町）や、霜里農園で学んだ浅見彰宏さんが始めた「ひぐらし農園」（福島県喜多方市）などの事例を紹介している。吉田恵美子さんがオーガニックコットン栽培を立ち上げる際に協力した、アバンティの渡邉智恵子さんに関する記述もある。

もう一つ、やせ衰えていく地方農業のあり方を変える「ボランティアとの交流型」になるかもしれないと期待を持ちました。実は、亡くなった先輩のお葬式のすぐ後に、農地を託されていました。御仏前で、奥さんから「福島さん、お願いします」と言われて、とても断れませんでした。しかし、広い畑の世話を一人でつづけるのは、とてもじゃないができません。この時点で、東京を中心とする日本各地から、大勢のボランティアがボラバス（ボランティアバス）」に乗って、コットンプロジェクトの参加農家を訪れていました。そのことに勇気づけられました。

翌2014年から、福島さんはコットン栽培を開始する。

3　ネットワークの広がり1　ソニーボランティアバス

ふくしまオーガニックコットンに参加して、福島さんはボランティアを受け入れるようになった。

2014年2月に最初にやってきたボランティアのことは、よく覚えています。神戸三宮から一人でお出でになった女性です。阪神淡路大震災のときに、ボランティアにお世話になった恩返しということでした。

企業の社会貢献活動で人が来るようになったのは、その年の6月からです。最初はソニーグループ各社の社員でした。それから、日動火災、東京海上といった損保会社、ブリジストン、KDDIなどです。

防災ボランティによる「助け合い」は、他の被災地への「恩返し」という形で、より大きな文脈で成立し、相互性をもつことになる［菅2014：97, 98］。最初の一人が、神戸から「恩返し」に来た女性だったという点は、ボランティアの特徴を考えるうえで、きわめて象徴的である。

定期的に訪れるボランティアは、4月には苗作りを、6月には定植（苗床から畑へ植え替えること）や草取りを行った。そして、秋も深まるとコットンを収穫し、綿操りや糸紡ぎの体験をした。

社会人のボランティアが大勢いらっしゃるようになって、2015年秋ごろからでしたか、この集落をもう一度元気にしたいという思いを、ボランティアのみなさんに伝えるようになりました。コットンだけではなく、天空の里山を、みんなで蘇らせたいとお話しました。当時、もうすぐ70に手が届こうという私が農業をやっている最年少で、これが最後のチャンスだと思いました。

福島さんからの聞き取りによれば、集落が衰えていった様子は、おおむね次のとおりである。福島さんが上柳生に引っ越してきた1990年代前半、男性は庚申講、女性は十九夜さま（十九夜講）という集まりに参加していた。

庚申講は、日本で広く行われてきた民間信仰である。十干（甲、乙、丙…）と十二支（子・丑・寅…）を組み合わせると、甲子、乙丑、丙寅など60の組み合わせができる（10×12÷2）。つまり2か月に一度、庚申の日が巡ってくることになる。この日の夜、人が眠っている間に、体内にいる虫が天にその人の悪事を報告に行くとされている。このため、集落の人々が集まって、寝ずに夜を過ごす。これが庚申講という行事である。

上柳生でも2か月に一度、11軒が持ち回りで集まっていた（集落には12軒あるが、1軒は別の集落の分家で、そちらの集まりに参加していた）。その際に、集落の長老が「Aさんの畑の作業が遅れているから、みんなで手伝おう」などと発議する、互助的な集まりでもあった。とりまとめがすむと、一緒にご飯を食べ、お酒を飲んで親睦を深めた。

庚申講の日にお金を積み立てて、2年に1回一泊旅行にも行っていた。新潟や長野など、庚申講と関連のある場所を選んでいた。「あれは集落のしきたりを学ぶ、よい機会でした」と福島さんはふりかえる。

女性たちが集まったのは十九夜さまで、こちらも民間信仰として広く知られている。如意輪観音菩薩をお祀りして、子宝や安産を願うものである。下柳生では外から嫁に来た新来者が、集落の女性たちとなじむ場であり、実際にも出産や子育てを助け合っていたという。

今思えば、庚申講と十九夜さまで定期的に集まり、ときどきの問題を話すことによって、集落は共同体として機能していました。それが、私が越してきて数年のうちに、2ヶ月に1度はきついから半年に1回にしようとなり、それが1年に1回となり…25年くらい前が最後になってしまいました。

長老は年の順でなっていくんですが、外に勤めに出るようになると、順番が来ても「私は忙しくて役目を果たせない」ということになっていきました。では代わりがいるかというと、ほかの人も兼業で忙しい。とりまとめ役がいなくなってしまいました。

草刈りや道の補修などの奉仕作業は今でもありますよ。それから集落の近くの森に鎮守さま（八坂神社）があって、そこのお堂で年に一度お祭りもしています。でも、庚申講がなくなると、人間関係がどんどん希薄になってしまいました。女性の十九夜さまは、もう少しだけ長く続きましたが、やがてそちらもなくなってしまいました。

「村という共同体では、助け合うことと、新入りを厳しくしつけたり、決まり事を守らない者への制裁がコインの裏表のようになっていたのでは？」という質問に対して、福島さんは次のように答えている。

新入りに対する厳しいしつけといったことは経験しませんでした。私が越してきた時点で、すでに共同体の弱体化が進んでいたんでしょう。＊

上柳生の最盛期は昭和10年代で、12世帯で１００人くらい住んでいたそうです。私が引っ越したとき50～60人で、すでに半分に減っていたわけです。それがさらに減って現在は8世帯、わずか19人です。80年で人口が5分の１に減ってしまったわけです。

私が引っ越してきた後に、外から入って来た男性は一人だけです。その方も義理の母親の面倒をみるために引っ越してきましたから、私と似たような事情です。
それにしても、この周辺は農業をやる人が本当に減ってしまいました。今では下の仁井田川のまわりにも担い手がいないので、農業法人が田んぼを借り受けています。規模を大きくして効率化を図っているわけですが、そこで働いている人の多くが技能実習のネパール人です。地元の人もいますが、若い30～40代のネパール人が力仕事をしているんです。

＊村落における制裁については、恩田［2006：123-135］を参照のこと。

以上が、福島さんが「集落を活性化したい」という思いをボランティアに伝え始めたころの集落の状況である。

ちょうどこのころから、福島さんの元に足しげく通うようになったボランティアに、大瀧知子さんがいる。大瀧さんは、福島さんの畑に惹きつけられていった経緯を次のように語っている。以下は、２０１９年のボランティア実習（筆者の担当講義）で、大瀧さんが話した内容に加筆修正したものである。

２０１１年3月11日は、私は品川駅前のソニーのオフィスで働いていました。東京は震度5でしたね。品川駅前の道路は車で大渋滞。さらに、ものすごい数の人が車道にはみ出して歩いていました。

私は人事総務部所属だったので、オフィス内の人員チェックをしたり、水や食料の配布をしたりと、何だかバタバタしている間に時間が過ぎていきました。そのうち、止まっていた地下鉄が動き始めましたが、余震がつづいていて電車に乗るのは怖かった。結局会社に泊まりました。

その後、被災地に何ができるんだろう？　とりあえずは募金かなと考えたりもしましたが、そこで考えが止まっていました。そんな私が災害ボランティアに参加できたのは、会社の募集が後押ししてくれたからです。被災地でのボランティア経験が豊富な槙野さんがリーダーで、仲間もたくさんいる。一人では無理でも、みんなと一緒にボラバスに乗って行くんなら、なんとかできそうだと参加しました。

最初が２０１２年11月17日です。いわき市のパオ農園でのオーガニックコットンの収穫でした。当日は雨模様で、畑に到着後、みんなであわてて収穫作業したことを覚えています。帰りのバスの中で、「自然が震災をもたらしたが、傷ついた人々を癒すのも自然だ」と感想を述べました。しっかり豊かに実ったコットンがものすごく愛おしく、力強く思えたのを記憶しています。被災地へのお手伝いをつづけたいと思い、12月からソニーのボラバスの事務局に参加しました。

大瀧さんはつづける。

次にいわきに行ったのが、２０１３年6月8日です。オーガニックコットンの苗植えを、パオ農園と夏井ファームでやりました。コットンの苗がすくすく成長していく過程から関われるのが嬉しかったですね。植物の持つ生きる力、たくましさに惹かれるのではないでしょうか。収穫して終わりではなく、次にまた種をまいて育てるという連続性、継続性に惹かれるのかもしれません。2015年まで、毎年2回ずついわきでのボランティア活動に参加しました。2015年3月で退職しましたが、その後はOBとして参加しています。

ソニーのボラバスは、当初、ザ・ピープルの仲介の元、いろいろなコットン畑を訪問していましたが、そのうちに私たち事務局は、どこか特定の畑に定期的に通い、しっかりとした関係性を持ちたいと希望するようになりました。そして、吉田さんに紹介されたのが福島さんの畑です。実は私は、福島さんが募ったバイオトイレのクラウドファンディングに個人的に参加していたご縁もあり、「福島さんのところなら、そりゃー通いたいわ！」と強く思った次第です。

写真4－2　コットンを収穫する大瀧さん（2016年1月）

私が福島さんの畑に最初に行ったのは、2016年1月16日です。オーガニックコットンの収穫と枝を引き抜いての畑の整備でした。ここは今までの畑と異なり、ほかの野菜畑も周りにある広大な土地で、静かで気持ちがいい。何より、迎えてくれた福島さんの明るい人柄がインパクト大でした。5月に槙野さんと二人で訪問して、その後の関わり方を福島さんと話し合いました。それから、ソニーのボラバスが定期的に訪問するようになります。2016年は4回、

2017年は5回、2018年は7回、2019年は4回行きました。退職後に時間ができたこともあって、訪問する回数は増えました。

大瀧さんの話に登場した槙野徹さんに、ソニーのボラバスについて、もう少し詳しく説明してもらうことにしたい（以下は、2018年5月28日に、品川にあるソニーのオフィスで聞いた話をまとめたものである。その後、2020年夏に追加インタビューを行った）。

ソニーボランティアバス（SVB）は、活動の一切をソニー社員有志が自主的に運営しているものです。最初の2回だけは、会社から金銭的な応援がありましたが、それ以降は参加者の自己負担でつづけています。

2011年の8月に始まったのですが、最初のころは、東北出身の社員が本当にがんばっていて、岩手県の陸前高田や大船渡、宮城県の名取、南三陸、気仙沼の大島などを訪れています。私自身は2012年の11月から参加しています。

SVBのこれまでの実施回数は63回で、延べ1640名のソニーグループ社員が被災地での支援活動に参加してきました（2020年8月現在）。

一人一人は微力ながらも、One Sony の精神で15万人が一歩を踏み出せば、大きく前進できるはずという思いで活動をつづけています。

福島県内では、いわきだけでなく、南相馬や浪江町にもSVBは行っています。南相馬には、地縁のある社員がリーダーとしてソニー混成合唱団を連れて行き、南相馬ジュニアコーラスアンサンブルとジョイントコンサートを開催しました。

いわきでは最初からコットンの畑に行きましたが、しばらくはいろいろな畑で作業をさせてもらっていました。コットンプロジェクトについて、最初私たちは「対風評被害のシンボル」として見ていましたが、土起こしから収穫までするうちに、どこか1つの場所でもっと深くかかわりたいと思うようになりました。SVBが福島さんの「天空の里山」を初めて訪問したのは、2015年1月24日です。それからは、行先の半分くらいが天空の里山になっています。

仕事に家事に忙しい社会人は、どのように時間やお金をやりくりして、ボランティアに参加しているのだろうか？　この点を槙野さんに聞いてみた。

たとえば、2018年1月20日のスケジュールですが、朝の5時50分に元厚木駅に集合して6時に出発。つづいて7時15分に新宿駅で仲間をピックアップして、10時30分に天空の里山に到着。昼食をはさんで午後3時30分まで農作業し、再びバスで新宿と元厚木に戻ります。元厚木に着くのは夜の8時30分です。これで参加費が一人9000円です。

日帰りは体力的にしんどいですが、一泊すると一人2万円かかります。30人が行くとして、半分くらいはリピーターなので、なるべく経費を抑える努力をしています。
　年数がたつと、参加するボランティアの総数がだんだん減っていくのは仕方がありません。しかし、いわきならば首都圏からも近いので、少人数の仲間でレンタカーを借りて出かける「番外編」が増えてきました。他の会社のボランティアと一緒のバスで行くことも、交流が広がっていいですね。

写真４－３　集落の中心に位置する耕作放棄地

　槙野さんには、「里山ピカピカプロジェクト」（以下、里ピカ）について、さらに語ってもらうことにしたい。里ピカでは、もう一度、天空の里山をピカピカに輝かせるように環境整備を進め、多くの人々の「癒し・遊び・仕事」の場とすることを目指している。具体的には、上柳生の集落の中心部に位置する耕作放棄地（写真4―3、2019年3月撮影）を、再度開墾することに取り組んでいる。

　今、いわき市内外のボランティアが、野菜を作ったり、コットンを紡いだりと、いろんな形で上柳生を訪れています。活動が盛んになっていくにつれて、福島さんが立ち上げを熱望したのが、里ピカです。集落の真ん中にある藪になってしまった畑をもう一度きれいにしたい。１２７０坪（４１００㎡）の土地です。ここがきれいになれば、集落の人も、車で通る人も、みんなその変化に気づき、大きなインパクトをもたらすはず。そう言う福島さんの熱意にほだされて始めました。

　この耕作放棄地は福島さんの所有地ではありません。4人の所有者がいらっしゃいます。すでに福島さんからは再開墾の話を聞いていて、みなさん了解していただているとのことでしたが、よそ者の私たちが、先祖伝来の土地で作業をさせていただくわけです。「餅を持って、ご挨拶に行きましょう」と子島さんが言い出して、2018年の年末に、それぞれのご自宅を訪ねました。

写真4-4　藪を少しずつ切り開いていくボランティア

　実際の作業ですが、まず、道路にはみ出した部分の藪から切っていくことにしました。でもその前に、狩刈りこんだ竹や枝の置き場を作らないといけない。ということで、850坪（2780㎡）ほどの斜面—ここも藪になっているところ—を、2019年2月から切り開き始めました。この作業も大変でしたが、後から考えるとまだ楽でした。本丸は、30年以上もほったらかしになっていた土地です。何本のもの木や竹がおたがいにからみあっていて、刈払機がなかなか入らない。なんとか枝を切っても、今度はその枝が抜けない。作業が全然進まないんです。正直に言いますが、始めてすぐに後悔しましたね。これは、とんでもないことに足を突っ込んでしまったと（笑）。

ソニーのボラバスでこれまでに7回来て、本当に、少しずつ、少しずつ切り開いていきました。うつくしまふくしま未来センター（FURE）やブリヂストンの皆さん、それから東洋大の留学生の協力などを得て、だんだん道の見通しがよくなっていきました（写真4―4、4―5）。最近では、集落のみなさんにもお手伝いいただいて、道路わきはだいぶきれいになりました。

2目の耕作放棄地の開墾は一進一退を繰り返しています。自然の回復力はすさまじく、木々や竹

写真4－5　やぶを切り開く作業を手伝う東洋大生（右の二人は留学生）

写真4－6　開墾が進んだ耕作放棄地（2022年9月撮影）

藪を切り開いても、切り開いても、次の作業までに間隔が空いてしまうと、また草木が鬱蒼と生い茂っている状況です。２０１９年2月から切り開き始めた枝や竹の捨て場所も、今では背丈以上の草に覆いつくされています。

それでも、ブリヂストンや有志の踏ん張りにより、徐々に「二進一退」になりつつあり、わずかながらであっても前進を続けています。まだ数年はかかりそうですが、この闘いも、いずれ終結を迎えるときが来ると信じています。

この耕作放棄地の開墾には、「荒れ果てた畑をもう一度生きかえらせることで、集落の人も、車で通る人も、みんなその変化に気づき、大きなインパクトを産み出したい」という狙いがあります。さらに、最近になって気がつきはじめたのが、「産」「農」「学」の仲間が同じ目標に向かって突き進む、なにか言葉に表し難い「うねり」のような力が、ここに集う仲間の間に一体感を産み出している気がします。

まだまだ、小さな力かもしれませんが、福島さんもそれを実感しているのではないか？と思うんです。この開墾の取り組みは、へこむときも多々ありますが、「やる意味はあるんだ！」と自分に言い聞かせています。一緒にやっている仲間も、きっと想いは同じだと思います。

4 ネットワークの広がり2　いわきからの参加者

福島さんの元を訪れるボランティアは、なにも遠方からばかりやってくるわけではない。地元いわきでの活動も多岐にわたっており、さまざまな世代が参加している。

まず、地元の学校の生徒たちの農業体験がある。もともと福島さんは、近場の大野第二小学校で、震災前から農業体験の指導をしていた。第二小の児童は、天空の里山に学習畑をもっていて、そこで農作業を行ってきたのである。その延長で、ザ・ピープルのコットン栽培の指導もお願いできないかという吉田さんからの依頼を受けて、福島さんは大野第一小、大浦小、大野中学校、四倉高校なども回るようになっていった。子どもたちとの交流について、次のように語っている。

今日、農業は集約化され、化学肥料などを使って「効率よい生産」を目指しています。オーガニック栽培は、そのままだと虫に食われてしまうので、防虫ネットを張ったりしなくてはなりません。その分、手間がかかるし、経済効果も大きくありません。しかし、オーガニックで育てることで健康や環境に配慮する農業を、次の世代に伝える意味は大きいと考えています。コットンの栽培を通して、子どもたちに自然の中で農作業を経験し、楽しんでもらいたいんです。

「畑の会」は市内で暮らすボランティアの集まりである。

２０１６年6月、富田文子さんが「畑仕事をしてみたい」と天空の里山を訪ねていらっしゃいました。いわき市でも市街地で暮らしていれば、思いのほか土に触れる機会は少ないんです。そうこうするうちに、永山美子さんや名木聡子さんといった彼女の知り合いも集まってきました。年末に、我が家では恒例の「たくあん作り」を一緒にやったところ、これが楽しかったということで、みなさんＬＩＮＥでグループを作って連絡をとり始めました。それでグループができていって、現在「畑の会」は20人になっています。

もともと草野家の所有する農地は、畑が２０００坪、田んぼが１０００坪でした。震災後、亡くなられた先輩のご遺族から、およそ３０００坪の畑や山菜園を、お預かりすることになりました。

さらにその後も、３人から畑を預かることになり、管理する農地は16か所、計１万坪になりました。

みなさん、ご先祖から受け継いだ土地を大事に守っていきたいという気持ちがとても強いんです。それで私がお預かりしているわけですが、山のふもとの斜面のあちこちに広がる土地の世話は、とてもじゃないですが、一人ではできません。畑の会ができたことで、展望が開けつつあります。

「自給自足が一番の目的で、それよりも多く取れたら道の駅へ」という方針で、年間60～80種類の野菜を作っています。これは商業目的でやっている農家と比べると、ものすごく多い数です。畑の会のみなさんには、たがいに違うものを作るようにしてもらっています。そうすると、「この前トマトもらったから、お返しできゅうりどうぞ」と融通しあうじゃないですか。みんながじゃがいもを作ったら、交換のしようがありません。そうやって、いろんなものを少しずつ作るようになりました。

「畑の会」からは、さらに「織り姫の会」も誕生した。畑に定期的にやって来るようになった女性ボランティアたちが「昔からのやり方で、コットンから糸を紡いでみたい」と、2017年1月に始めたものである。コットンプロジェクトのすべての畑で収穫されたコットンと種は、一度すべてザ・ピープルの元に集められている（2019年度で900キロ。ちなみに、この年の天空の里山の収量は109キロ）。福島さんは必要となる分を、ザ・ピープルから再び分けてもらい、織り姫の会はそれを使って糸を紡いでいる。

中心メンバーの一人である永山美子さんは、その活動について、次のように話している。

最初に作ったのはランプシェードです。2018年3月11日の追悼式で使うために311個作るということで、他のグループのみなさんとも協力して、糸紡ぎとランプシェード作りに挑戦しました。ランプの形にあわせて糸を巻くのがうまくいかず、とても苦労しましたが、その後も毎年追悼式用に作りつづけています。糸紡ぎが上達すると、糸の太さが一律になるんですが、そうすると不

写真４－７　日輪の船

思議なもので味が出ない。このあたりが面白いところです。

小学生と一緒に糸紡ぎの体験をする活動もできました。織姫のメンバーには、私もそうですが小学校の元教員が多いので、小学生との活動は、これからも広げていきたいと思っています。

２０１９年からは、自分たちでもコットン栽培を開始しました。茶、白、緑、赤茶の４種類の色のコットンを育てています。その種は、２０１７年にいわきで開催された「コットンサミット」に参加した日本各地の栽培農家や手工芸品グループから譲り受けたものです。いろいろな色があれば、染めるのでなく、素材そのものの色を生かした生成り（きなり）の作品を作ることができます。新しい糸つくりへの挑戦として、藤代光さんの『日輪の船』の製作に協力しました。４色の綿を少しずつ、根気よく紡いで、アート作品の一部に組み込んでもらいました。

今は、布や織物を織ることができる強い糸つくりを目標に糸を紡いでいます。強い糸や布ができるようになると、できるものの範囲が大きく広がりそうです。１００％オーガニックコットン製品の完成をめざして、夢見て頑張っているところです。オーガニックコットンは肌に優しいので、赤ちゃんや病気の方にも使ってもらえる製品ができたらなと個人的には思っています。

最近になってからの参加グループとして、東日本国際大学の河合ゼミを挙げることができる。ライオンズクラブは、100年以上の歴史をもつ世界的な社会奉仕団体であるが、経済経営学部教授の河合伸さんは、2019年3月にキャンパスライオンズクラブとしては日本で2番目に結成された「東日本国際大学ライオンズクラブ」の教員顧問として、ゼミとライオンズクラブのメンバーが協力しながら、コットンプロジェクトの畑でボランティア作業を行う流れを作ってきた。

河合さんは、2017年に愛知県から東日本国際大学に赴任するために家族で引っ越してきた。赴任当初から震災復興に役立つ活動をしたいと、地域経済活性化をテーマに地域に貢献できる活動を模索していた。2018年12月に、たまたま地域のコミュニティで知り合った片寄輝彦さんが、ザ・ピープルの中心的なスタッフだったことから、コットンプロジェクトを知ったということである。2019年2月に理事長の吉田さんを紹介してもらい、その活動理念と実践力に共感した。そして、同年4月から東日本国際大学ライオンズクラブ、およびゼミ活動の一環として活動に参加している。

ゼミとしての最初の天空の里山訪問は、2019年6月であり、コットン畑の畝間に防草シートを張る作業を行っている（この畑に種を植えたのは東洋大学の学生だった）。そのときに居合わせた「織り姫の会」のメンバーに糸紡ぎ体験教室を開いてもらったところ、ネパール人留学生の実家がコットンの糸紡ぎを副業でしていることがわかるなど、新たな発見があった。

翌月は梅干し作りを体験している（雨天のため、畑作業は中止）。河合ゼミは、その後も地の利を生かして、年に数回コットン畑での作業を行っているが、そこには大学のカラーを反映して国際交流的な要素が強く含まれている。ゼミ生には、韓国やネパール、ミャンマーからの留学生が含まれており、彼らにとっては、日本の農村について知る絶好の機会となっている。ペルーのラ・ウニオン高校の生徒と教員17名が東日本国際大学（ならびに付属中学・高校）を訪問した際には、河合さんは天空の里山でのコットン収穫作業をアレンジしてもいる。

２０２０年度は新型コロナウイルス感染症の影響で、４、５月は活動を自粛したものの、６月末には活動を再開している（２０１９年の台風19号で被災した農家のコットン畑を中心に、感染症対策をしながら活動をしているということである）。

河合さんは、活動を始めるきっかけを作ってくれた片寄さんの「これまで見てきた経験から、活動の中心者である先生の熱意次第で、続くかどうかが決まる」という言葉を胸に、「小さな一歩でもよいので、「地に着いた」確かな一歩を刻みながら継続していきたい」と語る。

このように多様なボランティアが集うネットワークに入って、東洋大学の学生たちの活動はつづいている。２０１８年5月当時、国際地域学科3年生だったゼミ生の声をいくつか記しておきたい（学科ホームページから要約して転載）。

――コットンの収穫後、私たちは大根の収穫も体験しました。たくあんによく使われている種類の大――

写真４−８　大根を抜く鈴木さん

根です。福島さんの自宅庭には、すでに収穫された大量の大根が干してありました。
「大根を抜くときのコツは、途中で折れないようにゆっくりと回しながら」と福島さんが実演しながら教えてくれましたが、実際にやってみると、なかなかうまく抜けず、途中で折れてしまうこともありました。体力が要る作業で、年配の方が何十本もの大根を抜くのはとても大変だと思います。農業には若い人の力や周りの人々の協力が大事であることを、改めて知ることができました。
収穫後には、取れたての大根を生で食べさせてもらい、無農薬だからこそそのみずみずしさを味わうことができました。

（鈴木健介）

お昼の時間になり、ソースカツ弁当が畑に届きました。このお弁当は、津波で全壊の被害に遭い、再建を目指して活動している四倉の食堂から届きました。肉厚でジューシーなカツ丼で、農作業のためのパワーを補充できました。さらに、お味噌汁、ゆず風味の大根の煮つけ、お芋の煮付け、甘いふかしサツマイモやお漬物など、福島さんの畑からとれた野菜を使った多くの郷土料理をいただきました。いわきの新鮮な無農薬野菜の美味しさを、畑仕事の大変さ・楽しさを少し体験させていただいたことで、よりいっそう強く噛み締めることができました。

（増田真愛）

昼食後は「織り姫の会」の指導のもと、オーガニックコットンの糸紡ぎを体験しました。実際に体験してみると、糸の強度調整が難しく、左右の手で異なる作業を行うので苦戦しました。織り姫のメンバーが紡ぐようにはなかなかうまくできなかったけれど、普段できない体験を、みんなでワイワイと楽しみながらできました。

（小島身江子）

このメンバーの中で、鈴木健介さん（２０１９年3月卒業）は、『オーガニックコットンプロジェクトが生み出したネットワークと癒し』という卒業論文を執筆した。福島さんに加えて、いわきの複数の農家へのインタビューをまとめたものだが、「都会から来るボランティアが畑で癒しを得ている」という点が、主要な論旨となっている。ふだん、都会で忙しい社会人生活を送っているボランティアにとって、畑作業が息苦しさや行き詰まりをリフレッシュする場になっていることを付け加えておきたい。

天空の里山ボランティアの声

ここまで、天空の里山に多様なボランティアが集まっている様子を紹介してきた。では、彼ら彼女たちはどのような思いをもっているのだろうか？　２０１９年10月～12月、福島さんはボランティアに対してアンケート調査を行っている。アンケートの実施が、いわき市が台風19号直撃の被害を受けた後になったため、回答者数は71人とかなり少なくなってしまった。それでも、回答からはボランティアの思いが十分に伝わってくる。

このアンケート調査の分析は大和田順子さんが行い、報告書をまとめている（2015〜16年にも、大和田さんはいわき市や広野町で活動するコットンのボランティアに対してアンケート調査を行っている。大和田・吉田・栗林［2021］参照）。

それではその内容を見ていこう。

【回答者の属性】

学生が39人（うち16人は首都圏在住の中学生）。年齢別では10代、20代で5割を超えたが、70代まで幅広い年齢層が活動に参加した。性別では男性が6割強、女性が3割である。居住地は東京都が最も多く、その他首都圏25％、いわき市内18％となっている。

回答者のうち、初めての参加者が66％、定期的に活動している人が20％だった。

【当日のプログラムへの満足度】

活動に参加した日のプログラムに対する満足度は、「とても満足」（73％）「満足」（27％）と、全員が満足したと回答し、次のような感想を寄せている。

●古き良き里山。日本昔話に出てくるような土地。

●自然に直接かかわることができて、とてもいい体験だった。

●東京では自然とこれほど触れ合うことはできず、心にひびくものがあった。
●コットンを収穫したり柿をとったり、ここでしかできない貴重な体験ができた。
●いい汗をかいて、美味しい物を食べられて、日頃のストレスの発散になる。
●おいしい野菜、おみそ汁ありがとうございました。
●素晴らしい見はらし。コットンの収穫はとても面白かった。福島さんの人柄もステキ。
●福島さんのホスピタリティと天空の里山の景観・資源に感動した。
●トイレもあるので環境は良い。
●施設も整っていて、すごしやすかった。

多くのボランティア――特に東京から来る人たちは――が、天空の里山の自然の素晴らしさと畑での作業に「癒されている」様子がうかがえる。土に触れて汗をかき、そしておいしいご飯に舌鼓をうつ。まさに地産地消である。迎える福島さんの明るい人柄も魅力となっているが、その一方で、リピーターには、受け入れの施設が整備され、藪がきれいに刈り込まれていくという、プロジェクトがもたらしつつある変化もはっきりと見えているはずである。

最初は、畑の近くにトイレがなかった。ボランティアが用を足したくなると、福島さんの自宅のトイレを借りるしかなかったが、これはきわめて不便なことだった。この問題を解消するために、吉田恵美子さんが音頭をとってクラウドファンディングに挑戦し、イタリア製のバイオトイレを備

写真４－９　ビニールハウス内での食事の様子

写真４－10　天空の家

えることができた。これで一つ問題は解決したが、雨が降ると、狭いビニールハウスに20人も30人ものが雨宿りする羽目に陥る状態はつづいていた。その後、住友商事の「東日本再生フォローアップ・プログラム」の助成（２０１７年度）を受けて「天空の家」が完成した。資金が足りない分は、島村守彦さんをはじめとするいわきのボランティアが内装やソーラーパネルの取り付けに奮闘した。この交流施設の整備によって、座ってゆっくりとご飯を食べたり、話を聞いたりするスペースができた。

さらに、福島さんが「ここを何とかしたいんです」と熱く語っていた耕作放棄地を対象に「里ピカプロジェクト」が始まり、藪が大きく道路にはみ出してきていた土地がきれいに刈り込まれていった。

こうやって、少しずつ目に見える形で「天空の里山」が変わっていくことで、新しいボランティアやリピーターがたがいに仲間となってネットワークを広げ、次の夢を語りあうことも可能となっていった。そのことが、次の感想からもうかがうことができる。

- 地域活性化の拠点となるモデルの中心。
- 人がより良く自然と共生して住める環境を作っていく実験プロジェクト。
- 福島の復興のために、様々な分野で協力している方たちがいるということを強く実感することができた。
- 中高生がコットン畑の手直しや草取りをしてくださり感謝‼　こういう活動をしている子ど

もたちがいることを伝えたい。

●今後も達成感が感じられる活動プログラムを手伝いたい。

●継ぐのは他人でもいいんじゃないかと思った。

●キャンプをしたい　料理会をやりたい。

●有機野菜を自分で料理して食べるような活動がしたい。野菜を収穫体験しながら料理を作る農家生活が、都市の人にとってリラックスできると思う。

●こちらのコットンを糸にしていく作業があれば、コットンから糸をつくる過程を学べるので参加したいと思います。

●草木染めワークショップに参加したい。

●自分で取った野菜を食べられるレストランや宿泊施設があるとさらに参加したくなる。

●農家に Home Stay して農業を体験したい。

▒会合「天空の里山　10年ストーリー」

２０１９年12月21日、多彩なボランティア35名が上柳生に集合した。「天空の里山のこれからの10年をみんなで考えよう」と一堂に会したのは、地元いわきから畑の会、織り姫の会、東日本国際大学の河合さんなどである。首都圏からは、ソニーの大瀧さん、槙野さん、そしてT♡Lip（トリップと読む。埼玉のボランティアグループ）の田中亜季さん、牧野令子さんといった常連ボランティアが参加した。さらに、喜多方市の有機農家である浅見彰宏さんや福島県の農業振興公社職員である渡邊弘幸さんらも参加した。なお、この会合の書記を務めたのも、やはり大和田さんである。

まず、大和田さんが「先進地視察報告」と題して、埼玉県小川町と福島県喜多方市山都町における有機農業による地域づくりと次世代継承の仕組みづくりについてプレゼンした。埼玉県小川町では、40年以上にわたって有機農業に取り組んできた金子美登さんが霜里農場を営んでいる。喜多方市では、小川町の金子さんのもとで研修し、その後独立した浅見さんが有機農業を営んでいる［浅見2012］。福島さんも見学に行き、浅見さんにはいわきに来てもらってアドバイスを受けるなど、交流のある場所である。

つづいて、ザ・ピープルの吉田さんが「ふくしまオーガニックコットンプロジェクト」について、福島さんが天空の里山の現状と課題について話をした後、参加者はグループに分かれて話し合いをした。

グループ討論からは、大きく３つの意見が出た。

（１）天空の里山のさらなる充実

里山ピカピカプロジェクト（耕作放棄地の再生）をさらに進めながら、農泊や企業研修を取り入れ、交流・関係人口１０００人を目指す。都会からの来訪者がゲストハウスに宿泊し、農作業や里山の風景を楽しむ。就農者により農地が維持され、農業法人設立の準備を進める。

（２）ＣＳＡとしての方向性の確立

ＣＳＡとはCommunity Supported Agriculture、すなわち「地域支援型農業」の略である。近年、農家とともに地域住民や消費者が一緒に農業経営に参画する形の農業として注目を浴びている（片柳［2017］、波夛野・唐崎［2019］）。

この会合では、首都圏やいわき市民向けに年間プログラムを提示し、農作業への定期的な参加をよびかけると同時に、ボックス野菜の宅配購入が提案された。

具体的なアイディアとしてあがったのは、年間プログラムとして、大豆栽培～草取り～収穫～味噌づくり／小麦栽培～麦踏～収穫～パンづくり、ピザづくり、ビールづくりといった流れを作るとともに、１回送料込みで2～3千円の宅配で、野菜の購入を安定的に継続するなどである。ＣＳＡについては、第5章で再度触れている。

（3）若い世代の学びの場

大学生向けに年間を通じて実習の場を提供し、カリキュラム化を図る。単位の出る地方創生学習の場として活用する。

これまで、受け入れ人数の都合から、ボランティアは、ばらばらに天空の里山を訪れてきた。初めて、いわき市内外の多様なボランティアが一堂に会し、「福島さんが安心して引退できる10年後」の未来図をデザインした一日となった。このミーティングこそが、天空の里山というプロジェクトの成長を物語っていると言えるだろう。

コラム4　コットンの日に寄せて

以下の文章は、株式会社起点の代表取締役、酒井悠太さんが2020年5月10日に、自社ホームページに掲載したものである。今後のコットンプロジェクトへの期待をこめて、ここに掲載したい。

２０１９年の4月に、福島県いわき市を拠点に「株式会社　起点（キテン）」を立ち上げました。ふくしまオーガニックコットンプロジェクトで栽培した綿花を使用し、オーガニックコットン製品の企画・製造・販売を行う会社です。

1　ふくしまオーガニックコットンプロジェクト

２０１１年の東日本大震災が引き起こした複合的災害によって、福島の農業は壊滅的なダメージを受けました。放射能の風評被害によって栽培の契約は打ち切られ、行き所を失った作物は大量に廃棄されました。また、家族で食べる程度の農業をしていた方でさえ、「出来た作物を子や孫に食べさせて良いものなのか」を悩み、その生業を諦める方が多くいらっしゃいました。

そんな中、畑から生まれ、土壌の放射能移行係数も低く、何より〝食用〟ではない「綿花」と言う作物にスポットが当たったのは、奇跡のような巡り合わせがあったのだと思います。綿花を有機栽培で育て、収穫した綿花を売買することで、福島の農業再生の一助となりたいという願いのもと、２０１２年

写真コラム４−１　酒井悠太さん

の春からＮＰＯ法人ザ・ピープルによって綿花栽培による被災地復興プロジェクト「ふくしまオーガニックコットンプロジェクト」がスタートしました。

栽培にあたって肝となったのは栽培方法でした。環境にダメージを受けた福島だからこそ、環境に配慮した方法を選びたい。プロジェクトの根幹であり、何があっても揺るがなかったこのポリシーは、今もなお継続して実践されています。

栽培しているのは、在来種の備中茶綿です。一般的な白綿ではなく、茶色い小粒な品種で、茶綿を混紡した糸は、ほのかな生成り色をした優しい色合いの物に仕上がります。よく聞かれることですが、製品の生成り色は染めているのではなく、綿花の色がそのまま表れている自然な色味になっています。日本の綿花栽培は、およそ５００年以上前から盛んに行われ、私たちが育てている種も悠久の時を超えて受け継がれてきた貴重な品種です。

2　私がコットンの仕事を続けてきた理由

２０１３年より、収穫した綿花を原料としたコットン製品を企画・販売する「いわきおてんとＳＵＮ企業組合」が発足し、プロジェクトは、おてんとＳＵＮによる商業部門とザ・ピープルによる農業部門で、コットン事業の両輪を支えていく形となりました。

私は2013年におてんとSUNに入社し、丸7年間コットンの事業に携わってきました。本当に多くの方とお会いして、それまでの人生では想像できなかったつながりの中で仕事をさせていただきました。単純におしゃれが好きで、自分の欲しいものが作れるかも！なんていう軽い気持ちでコットンに興味を持ち始めましたが、ここまで自分の人生に食い込んでくるものになるとは、当時は想像もしていなかったです。

プロジェクトの「綿花による福島の農業の再生」、「栽培作業を共にすることでのコミュニティの創造」という大きな目標がある中、参加している方たちの意義は、人それぞれに枝分かれしていったと思います。私にとっては、ものづくりを担当させてもらったことがすべてで、栽培した綿花が実際の製品になるまでの工程を、デザイナーさんや職人さんとコミュニケーションを取りながらディレクションし、地元の産品にしていくというチャレンジは、これまで経験したどんな仕事よりも刺激的で楽しいものでした。

また、自分自身で栽培に参加したことも大きな転機となりました。触れたこともなかった農機具を使い、耕した畝に種や苗を植え付け、収穫まで丹念に管理を行なっていく。汚れるのを嫌って避けてきた土にまみれる行為は、生きている実感を伴う作業だったのだと思います。勿論、そんな綺麗事だけではなかったことも思い出されますが、有機農業が持つ「環境や生物への負荷を限りなく軽減する」という道理に、素直に感動したことに嘘はなかったと思います。

3 私がコットンの会社を立てた理由

ふくしまオーガニックコットンプロジェクトは大きな輪になっていました。推進メンバーに地元の団体が増え、これまで参加していただいた援農ボランティアの来訪者数は延べ2万人強にのぼりました。企業やNPO、有志団体様など、応援してくれた人たちの想いの分だけ枝葉が伸びていきました。その根っ子として、この大樹を支えなければならない？　自分の仕事である製品企画・販路拡大をしていかなきゃ、事業が続かない…と考えたら、そのプレッシャーと責任に押し潰されそうになった時期がありました。

勉強は苦手ですが、講座にも通いながら自分なりにブランディングについて学び直しました。その結果、考えが及ばない、まとまらない、自分がどうしたいのか分からないという連続で、日々打ち砕かれていました。そこから毎日コットンのことを考え、めちゃくちゃ時間はかかったのですが、一つの答えに行き着きます。「根っ子の中心」になって支えなければならないっていう考え方がそもそも自意識過剰なんじゃないのか。それぞれのメンバーには独自の活動理由があるし、得意分野も異なる。それだったら、俺もたくさんある根っ子の一つになって自由にやってみよう。

根っこの一つに＝独立しよう！と思ってまわりに相談を始めたところ、幸いにも起業に向けて共に立ち上がってくれる仲間が集まってくれたため、それならば、物に限定せず栽培から製品開発に至るまで、自分たちの考え方や方法でまるごと新しくプロデュースしようという話になり、会社の立ち上げに動き始めます。

4　キテンの理念

独立の構想から2年経った2019年にいわきおてんとSUNを退社し、「株式会社　起点」を立ち上げました。社名には「出発」と「軸」の二つの意味を込めました。

ここに至った経緯として、東日本大震災を経験したことは避けて通れない理由だったと思います。いつまでも震災の話を引っ張りたくはないのですが、それほど強烈でインパクトのある出来事でした。3月11日、私は当時働いていた工場で被災しました。そのまま夜まで会社で待機し、暗くなってから帰りました。ボコボコに割れた道路、崩壊した家屋、車のラジオから流れる「壊滅」というワード、今思い出しても目の奥が熱くなります。家に帰ってテレビで見た映像は宮城県の石油コンビナートが燃え盛る映像でした。おそらく忘れることはないと思います。

あの日、それまであったものが再建出来ずに無くなり、私がそれまで知らなかった何かしらの文化も途絶えていったのだと思います。時間が経ち、インフラは復旧していったけど、ささやかなだけど確かにそこにあったものが無くなっていくのって、やっぱり寂しいなって思うのです。もちろん、震災に限ったことではなく、繁栄があれば時代の流れに伴った衰退もあるわけで。けれど、そこにいた人たちの想いは決してなくならないし、なくしちゃいけないものだと考えていました。

私たちが取り組むコットンの事業もそうあって欲しいと思っています。取り組んでいることに結果や成果を求めてしまいがちだけど、長い歴史で考えればいつかは無くなってしまうかもしれない。だからこそ、地味でも良いから巡り合った務めにコツコツと懸命に向き合いたい。コットンの種は、その遺伝子に生命の記憶を詰め込んでいるから、春がくると芽を出します。私たちの行いも〝福島の記憶〟として残していきたいと思います。やがて衰えることがあっても、どこかの時代の稀有な人たちが私たちの実践を糧にしていけるように。

キテンでは、オリジナルブランド「SIOME（シオメ）」を展開していきます。コンセプトは「循環と機能美」です。ロゴは支え合う人と漁に使う網をイメージしています。キテンの源流から生まれ流れてきたものを網で受け止めます。

御多分に洩れず、私たちも〝ものづくりの背景〟を大切にするという考え方を重要視しています。セールスポイントとしてというより、自分たちの手で綿を育てている＝私たち自身も生産者の一人であるというプライドが、どこの誰に加工してもらうかということに、より敏感になり、こだわりを持たせているのだと思います。

キテンを立ち上げ、新規の加工場を巡っていた時に、ある老舗の織元さんに出会いました。そこで、「身体も機械も元気だし、好きでこの仕事をしてきた。本当はもっと続けたいけど、いくら織っても二束三文の取引にしかならないから今年で廃業する」という話を伺いました。ただ朴訥に仕事に打ち込んできた職人さんが報われていない現状に、どうしようもなく虚しい気持ちになり、日本の繊維産業が滅んでいくのには、適正な対価が適正な所に届かない仕組みがあるからだと実感しました。

私たちは、つくる側とつかう側のちょうど両方に足をかけています。つくる人の誇りと伝統を守るためにフェアな取引を方針とし、つかう人の生活を快適にする確かな品質のものづくりをしなければなりません。そして、限りある資源と地域経済を担保していくためには、生産者と消費者の両者が心を寄せ合わなければならない時代です。互いの暮らしの循環を良くしていくため、時代の潮目に見つけた価値観を、目に見える形にしてこれからも届けていきたいと思います。

第5章　ソーシャル・キャピタルから見るボランティア・ネットワーク

第4章までは、いわき市におけるボランティア活動を、主として当事者の語りから再構成してきた。本章では、ここまでの語りをもとに、ソーシャル・キャピタルという観点から、ボランティア・ネットワークの性質を分析してみたい。

1　ソーシャル・キャピタル

ソーシャル・キャピタルという概念は、パットナムの『孤独なボウリング』の刊行後、広く社会科学の分野で使われるようになった（原著は2000年、日本語訳は2006年刊行）。中核となるアイディアは「社会的ネットワークが価値を持つ」であり、つながりに富んだ社会であればあるほど、より生産的たりえるというものである［パットナム2006：第1章］。また、パットナムは「愛他主義、ボランティア、慈善活動」をソーシャル・キャピタルの中心指標であるとしており、ここでの議論で活用する所以である。

パットナムは、多様なソーシャル・キャピタルの形式において「結束型」と「橋渡し型」を重視する。結束型は、どちらかと言えば内向きな指向を持ち、排他的なアイデンティティや等質な集団を強化していく。一方の「橋渡し型」は外向きで、さまざまな社会的亀裂をまたいで人々を包含するネットワークである。結束型が「社会学的な強力接着剤」なら、橋渡し型は「社会学的な潤滑剤」であるという表現が、これら二つの方の特徴をよくとらえている［パットナム2006：20, 21］。

後述の議論では、この二つに加えて、「連結型」についても言及する。その際に参考にしたのが、災害復興におけるソーシャル・キャピタルの役割について議論を展開したアルドリッチである［アルドリッチ2015］。事例として関東大震災（１９２３年）や阪神・淡路大震災（１９９５年）を取り上げていることからも、大いに参考になる研究である。まずは「結束型」から話を始めたい。

政府やＮＧＯからの組織的な支援が受けられない状況下などでは、災害後の初動的な危機対応を効率的に実施する上で最も力を発揮するのは、近隣住民や地域の市民グループである。「被災者の友人、家族、同僚、あるいは通りすがりの人でさえも被災者を救う最初、かつ最も効果的に対応のできる当事者である」ことから、災害現場におけるそれらの人々の役割についてその特性を認識する必要がある。［アルドリッチ2015：65］

関東大震災当時の記録を引用して、彼はまた次のように述べている。「全員が一つになって、不幸な出来事の最中に団結し、救援のために協力し合っていた」。そして「この連帯の精神は、社会のあらゆる階層とあらゆる状況下にいる人々へと広がり、学生たちも就学を継続できるかどうかで悩んでいる仲間を支え合っていた」［アルドリッチ2015：78］。

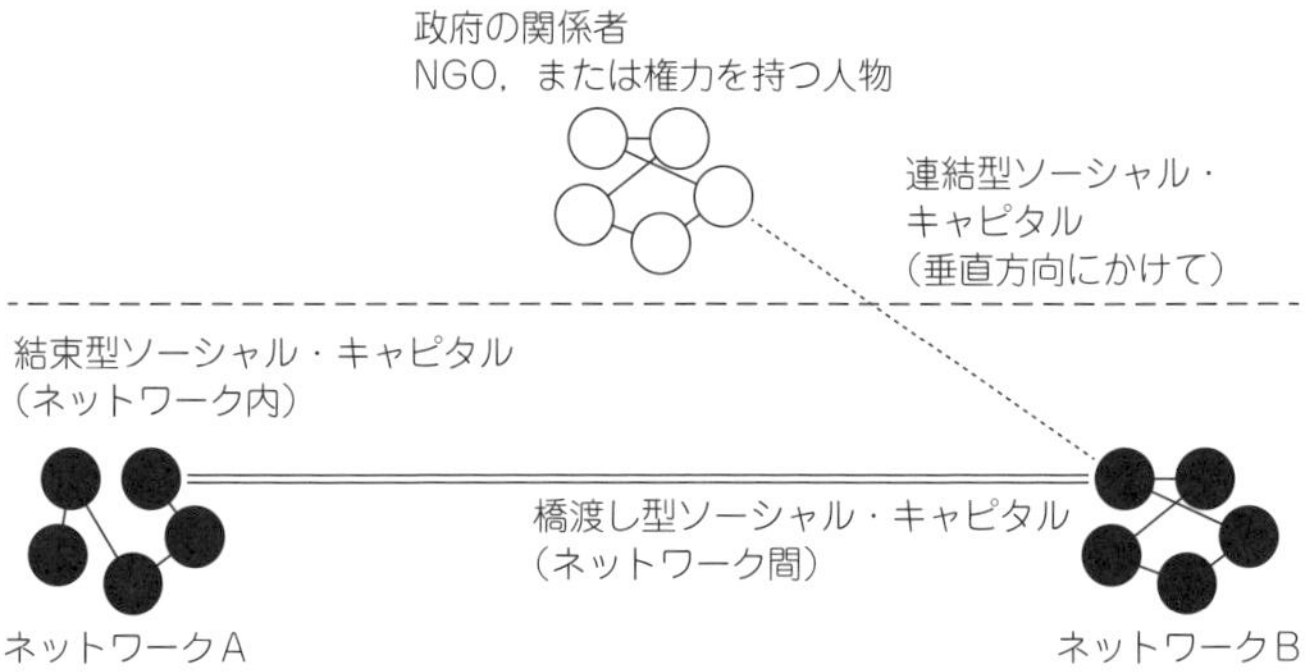

図5－1　結束型、橋渡し型、連結型のソーシャル・キャピタル

（出所）アルドリッチ［2015：48］

反面、ソーシャル・キャピタルは「諸刃の件」ともなりうることを、アルドリッチは指摘する。関東大震災では、東京に住む朝鮮人に対して、集団的な暴力が発生した。結束型のソーシャル・キャピタルが強い一方で、橋渡し型が欠如している場合、元々の偏見や危機的状況におけるデマの拡散が呼び水となって、自分たちの集団の外側にいる人々への攻撃へと向かう可能性があるということである［アルドリッチ2015：97, 98］。

阪神・淡路大震災からも示唆に富む事例が報告されている、すなわち、震災前にさまざまな社会的活動を行っていた地域では、住民自身による消火活動がうまく機能し、さらには震災後にも数多くのプロジェクトが立ち上げられた。しかし、似たような住環境を持ちながら、震災前の社会的活動が低調だった周辺地域では、これらの活発な協調活動を観察することはできなかった［アルドリッチ2015：106］。すなわち、ソーシャル・キャピタルはふだんからの積み重ねの結果として存在するものであり、緊急事態になって突然発動できるようなものではない。

さらにアルドリッチは、「結束型」と「橋渡し型」に加えて、「連結型」のソーシャル・キャピタルについても議論を展開している。連結型ソーシャル・キャピタルでは、垂直方向の関係に注目する点に特徴がある［アルドリッチ2015：47］。災害後の支援を提供する社会的つながりの多くが地元の人々による一方で、「地元の持つ資源だけでは不十分である場合や、あるいは利用できない場合であっても、コミュニティの外側とのつながりを持つ人たちがいれば、その人たちとのつながりに頼ることができることから復興がうまくいく傾向にある」とされる［アルドリッチ2015：66］。具体的には、政府やＮＧＯの関係者との接点が重要であり、この経路を有していることによって、外部の資源や情報の入手が可能となる。

川脇は、東日本大震災の被災3県の沿岸部37自治体を対象とした調査を行い、ソーシャル・キャピタルが、被災地での共助（支援と受援）の促進にどの程度役だったのかを検証している［川脇2014］。被災地では、泥だし等の労働、住宅の整備や改修、義援金、情報発信・中間支援などが求められるが、同調査は、震災前に存在したソーシャル・キャピタルがこれらの支援・受援へのかかわりを高めた可能性を指摘している［川脇2014：8］。さらに、自ら支援活動に関わった人ほど、支援を受けており（受援）、被災地で「おたがいさま」の精神で人々が助け合ったことを示している。すなわち、地域のソーシャル・キャピタルと復興過程での共助活動は、相互に影響を与え高めあっていく、ポジティブ・フィードバックの関係にあることが予想される［川脇2014：8］。

2 ボランティアの原初形態

概念の説明は以上として、ここからはこれまで述べてきたボランティアの特徴を分析していくこととする。まずは、被災直後のいわき市で「行動を起こした人々」（第2章）について見ていきたい。アルドリッチが「災害後の初動的な危機対応を効率的に実施する上で最も力を発揮するのは、近隣住民や地域の市民グループである」と述べているように、彼らこそまさに志願兵――ボランティアの原初形態――であった。

被災現場で、最初に活動を始めたのは消防団である。発災当時は避難の誘導や救出活動に従事し、その後は行方不明者の捜索に当たった。地元の建設会社も重機を搬入し、道路の確保や救援物資の運搬に加わった。

小売業や飲食店で働く人たちは、物資が届かなくなったいわきで、食料や生活必需品の確保に奔走した。スーパーの前には大行列ができていたが、人々の切実な要望に応えようと、小売の現場はそれまでに培ったネットワークを駆使して、可能な限りの商品を集めた。消防団や市役所、水道局など復旧に携わる人々をバックアップしたのも彼らだった。

津波に襲われた沿岸部の人々は、近くの学校や公民館などに避難した。これらの施設の教員や職員は、突然「避難所の運営」という大役を担うことになった。周囲の人々の助けを借りながら、ありあわせの食料や燃料をかき集め、増え続ける避難者を受け入れた。食料も暖も十分にとれないという状況下で、被災者同士が助け合い、共同生活の秩序を維持した。

地震と津波によりライフラインが破壊され、さらに原発事故の影響で流通が滞ったため、多くの病院が機能を停止した。そのような状況下で、いくつかの病院がなんとかその機能を維持できたのは、ローカルなメディアによるところが大きい。「どこそこの病院で灯油が必要だ」といった情報は、テレビやネットのニュースからは得ることができない。それらの切実な情報を提供し、人々の掲示板役を果たしたのがＦＭラジオであり、地域の状況をリアルタイムで知る個人が駆使したツイッター（ＳＮＳ）だった（新聞は刊行されていたが、配達が困難になっていた）。

突然生じた非常事態の中で、いわき市の住民は、「おたがいさま」の精神を発揮して、たがいに助け合った。震災時にコミュニティ内部の人々を共助へと向かわせる「結束型」が機能したことで、混乱状況の中で、彼ら彼女らがその持ち場を必死に守ったことで、コミュニティは完全な機能不全に陥ることを免れたのである。（ボランティアの動機について、「恩返し」の重要性がくり返し指摘されていることは、本書の記述や引用からも確認できる。その一方で、最初期における「おたがいさま」の重要性に、研究者はもっと注意を払ってもよいだろう）。

震災前のいわきのソーシャル・キャピタルに関する研究を参照することはできなかったが、少なくとも個人レベルでは、震災前に持っていたソーシャル・キャピタルの多寡が、支援へのかかわりの度合いを左右したことは確かである。吉田恵美子さんが、震災前に動いていなかった人は、震災が起きても動けないことを知ったと述べているように［シャプラニール編2016：57］、自ら積極的に支援活動に関わった人ほど、被災前からいわき市の内外にさまざまなつながり持ち、信頼関係を構築していた。そのような人こそが、さらなる支援を呼びこめるのであり、被災地域のソーシャル・キャピタルと復興過程での共助活動を、ポジティブ・フィードバックの関係に持ち込めるのである（川脇［2014：8］。稲葉［2011］第5章も参照されたい）。

3 連結型の難しさ

すでに引用したように［アルドリッチ2015：66］、「地元の持つ資源だけでは不十分である場合や、あるいは利用できない場合であっても、コミュニティの外側とのつながりを持つ人たちがいれば、その人たちとのつながりに頼ることができることから復興がうまくいく傾向にある」とされる。そして、具体的には、政府やNGOの関係者との接点が重要となる。東日本大震災の直後に、特定の被災地だけが政府や県へのアクセスを有し、より多くの資源を確保したということはないだろうが、民間財団やNGOとの関係については考察に値するだろう。

「連結型」は、第1～4章からの記述からはわかりにくいかもしれないが、自治体や民間の財団の助成金という形で登場している。

最初に、わかりやすい事例として、天空の里山に建設された「天空の家」を取り上げよう。東洋大生を連れて、福島さんの畑を訪問し始めたころは、雨が降ると、狭いビニールハウスに20～30人が雨宿りをしていた。その後、住友商事の「東日本再生フォローアップ・プログラム」の助成（2017年度）を受けて「天空の家」が完成した（第4章）。屋内でゆっくりご飯を食べたり、話をしたりするスペースができたことの効果は絶大で、家族連れのボランティアでも気軽に訪問できる環境が整った。このように、基本は自力で小規模のプロジェクトを進めている段階であれば、助成による効果は大きいし、資金的な面での依存も問題にならない。

しかし、図5―1に示唆的だが、「連結型」は垂直方向、すなわち上下関係を含意している。食彩館の非営利から営利への転換（第3章後半）で述べたように、助成金の使途をめぐって問題が生じると、受け取る側は弱い立場に立たされることになる。

オリーブについてはすでに詳しく書いたのでここでは繰り返さないが、同様の問題をザ・ピープル（吉田恵美子さんが理事長を務める）も抱えていることを、速水［2017］が指摘している。市民による被災者への支援が発展するにつれ、補助金や委託が増加し、その中には事業の収益化が求められるものもある。さらに事業に必要な人件費を得るために、別の補助金を申請するなど、事務業務に忙殺される。本来、非営利である市民活動を拡大していくのに、その継続にビジネス的な要素を求められるという矛盾を抱えこんでしまうのである［速水2017：9］。第3章で参照した「かーちゃんの力・プロジェクト」でも同様の指摘があったことから、この問題は個別の団体にその責任を帰すべきというよりも、構造的な要因に基づくと考えるべきであろう。

次に考えたいのは、県外のＮＧＯと地元との関係である。放射線による被ばくという心配を抱えながら、眼前に突然出現した困難な課題群に対応していくことに、いわきの地域リーダーたちはかなりの困難を感じていたはずである。外部からの直接支援は確実に必要とされていたが、両者の関係構築には多くの困難がともなうことが予想される。その理由は、先に述べたとおり、「連結型」が上下関係を含意しているからである。平たく言えば、突然やってきたよそ者が、被災者（昨日まで何事も自分たちでこなし、自活していた人々）に食料や物資を与え、アドバイス（場合によっては指示）をするということである。これもまた構造的な問題であるため、ＮＧＯ側がいくら「地元の人と一緒にやって行く」と意識しても、「上から目線だ」という反感を避けるのは難しい。ごく短期間で引き揚げるのならばともかく、長期にわたって支援を継続し、地元の団体と良好な関係を構築しようとするならば、とりわけ初期段階において、ＮＧＯが困難を経験するだろうことが予想される（ただし、地元住民同士だからといって連携が簡単に進むわけではない。津波で大きな被害を受けた豊間地区の復興まちづくりでは、住民同士や行政が連携をはかることの難しさが浮き彫りになった。松本［2016］参照）。

県外から支援に入ったＮＧＯの具体的なケースを取りあげる前に、日本におけるＮＧＯの認知度の低さについても説明しておく必要があるだろう。ＮＧＯ＝民間の国際協力団体は、２０１１年の時点ですでに40年ほどの歴史を有しており、開発・教育・環境・災害などの分野において、世界各地の社会的課題に取り組んできた。この決して短くはない歴史の中で、ＮＧＯは専門性を高めてきた。そして、阪神・淡路大震災を経て、ＮＧＯと行政のリンケージの必要性が認識されるようになったという指摘［本荘・立木2015］がある一方で、東日本大震災の発生時、日本政府のＮＧＯに対する期待はそれほど高いものではなかった。「未曾有の」と形容されたこの大災害においても、平時の地方行政の仕組みのまま、地方から中央へとニーズを上げなければ必要な支援は得られなかった。そして、ＮＧＯの受け入れに前向きな姿勢を示す被災自治体はごく限られていたのである。基本的に政府も地方自治体も、「専門的な活動を行うことができる存在」としてＮＧＯを十分に認識していなかったことから、協働すべきアクターとして積極的に認められることはなかった［JANIC 2012：18, 19］。

東北におけるボランティアに対する認識についても確認しておきたい。中原は、石巻での取材をもとに、都市部からより遠隔地に行くにつれ、ボランティアセンターが、うちは間に合っていますと「自己規制」して、ボランティアを受けいれないという事態が生じたことを指摘している［中原 2011：60, 61］。そもそも、ボランティアという言葉を初めて聞く被災者もいて、どういう存在なのか、理解されていなかったのである。さらに、石巻市街から離れた牡鹿半島では、他人の施しを受けたくないという自尊心が強く、ボランティアからの物資をなかなか受け取らなかったり、避難所にボランティアを入れなかったりした地域もあったことに中原は言及している。この点については、社会人類学者のデビッド・スレイターも同様の指摘を行っている［スレイター2013］。

ＮＧＯは専門性の高い団体だが、その特徴の一つにボランティアの活用に優れている点を挙げることができる。しかし、現場においては、ＮＧＯの職員とボランティアの境目は不明確なものとならざるをえない。世界各地での災害支援の経験をもつＮＧＯ職員も「善意の（しかし、時に邪魔となる）ボランティアさん」と見なされがちであった。政府や自治体から期待されず、一般市民にはその存在を明確に認知されていないという国際協力ＮＧＯの立ち位置が、東日本大震災で図らずも明らかになったということができる。

さて、福島県に支援に入ったＮＧＯの数は、岩手・宮城の両県に比べて、少数にとどまった。原発事故の結果、多くの避難者が生じた福島県では支援のニーズが高かったにもかかわらず、この傾向は震災後1年が経過しても変わらなかった。放射線被ばくというきわめてセンシティブな問題が、支援をも滞らせてしまったのである［黒田2013：132］。

混乱状態にあったいわき市に、早い段階から支援に駆け付けた数少ないＮＧＯの一つに、シャプラニール＝市民による海外協力の会がある。シャプラニールは、中学校や高校の社会科の教科書に掲載されるような「国際協力ＮＧＯの老舗」であり、「業界」では名の通った存在である。国内での本格的な支援は初めてだったが、「厳しい状況に置かれている被災者たちのことを考えると、何もせずにいるわけにはいかない」という職員全員の熱い想いから、活動を開始した。

しかしながら、シャプラニールもまた「どこの誰だかわからない民間団体」と警戒され、地元の団体と良好な関係を構築することが、なかなかできなかった。第2章ならびに第4章に登場した吉田恵美子さんは、シャプラニールがいわきに入った直後から現在にいたるまで関係を持ちつづけている一人である。その彼女が当時のシャプラニールをこう評している。「当初、シャプラニールは震災をきっかけに入ってきた〝外人部隊〟のひとつにすぎませんでした」「シャプラニールのスタッフは、やるべきことへの情熱に満ちた、ありがたいけど、ちょっと重荷、そんな存在だった」[シャプラニール2016：56, 57]。さらに吉田さんは次のようにも述べている。

地元のNPOも社会福祉協議会も、外から来た団体への警戒感は強かった。自分たちが動きたくても、制度や機能の壁があって動けないでいたことを、目の前で動いている団体を複雑な思いで見ていたのだと思う。
[シャプラニール2016：57]

この状況をシャプラニール側から見ると、どうなるのだろうか？　事務局長であり、いわきでの活動のリーダーシップもとった小松豊明さんは、地元の人々に容易に受け入れてもらえなかったことを「これほど胃の痛くなる経験をしたのは40年以上の人生の中で初めて」と表現している[シャプラニール2016：62]。

たとえば、いわき市南部の勿来にボランティアセンターの立ち上げを提案した際には、「ボランティアなんか来るのか」「ボランティアも泥棒も大して変わらないと思っている人も多い」といった懐疑的、さらには否定的な意見が出た〔シャプラニール2016：12, 13〕。別の機会に、支援団体の連携・協働を提案した際には、「何だこれは！　聞いていないぞ」と一蹴されてしまった〔シャプラニール2016：17〕。いずれも、外部の人間に「引っ掻き回される」ことへの警戒感がうかがえるエピソードである。

シャプラニールは、地元だけではなく、別の要請にも応えなくてはならなかった。福島県で支援活動をするということで、会員をはじめとする全国の市民から、数千万円の寄付が寄せられていた。この寄付を迅速かつ有効に使わないといけないというプレッシャーがあったのである。被災者のために、そして被災者のためにと寄付を託してくれた市民のためにも迅速に行動したいという思いと、地元の意向を尊重しなくてはならないという二律背反に苦しんだのである。

その後、シャプラニールは地元の復興支援ネットワーク（通称みんぷく）に積極的に参加して、さまざまな活動を粘り強くつづけた。その結果、福島県全体の支援ネットワークにおいても、中心的な団体として評価されるようになった〔本荘・立木2015：158〕。

シャプラニールが力を入れた活動の一つに、双葉郡からの原発事故避難者といわき市民を結ぶ活動がある。原発事故後、2万人を超える人々が双葉郡からいわき市へと流入した。これによって「原発事故による社会的分断」がいわき市で発生した〔速水2017〕。震災前から、原発の立地地域である双葉郡には多額の交付金がもたらされ、インフラ整備が進められていたことを、いわき市民は知っていた。また、原発事故の後、双葉郡の住民が多額の賠償金を受け取ったことも周知の事実であった。

事故によって故郷を離れざるをえなくなった帰還困難区域の住民に、東電が支払った額は、２０１３年9月時点で、４人世帯で平均９０００万円だった（日本経済新聞２０１３年10月25日）。ただし、避難指示区域の区分に応じて、一人当たりの賠償総額に１０００万円以上の差が生じる場合もあり、避難住民の間にも「格差」が存在する（読売新聞２０１３年12月27日）。一方、いわき市民も原発事故では大きな困難に直面し、多くの人が一時的にせよ避難したが、東電からの賠償はわずかなものだった（大人１人につき8万円。18歳以下と妊婦は1人につき40万円）。

自分たちも大きなダメージを受けているところに、「多額の賠償を受けている」双葉郡の住民が大量に入ってきたことから、両者の間に軋轢が生まれてしまった。この点で、広域に広がる東日本大震災の被災地のなかでも、いわき市の状況には特別なものがあった。通常、被災地が隣接地域の被災者を大量に受け入れることはないだろうが、2万人もの人々が流入したことで、「あの人たちのせいで、病院も道路も混雑し、アパートも借りにくくなった」と感じる人々が出ることになった。そして、たがいの間に軋轢が生じてしまったのである。

シャプラニールは、地元の商店に頼んで、双葉からの避難者が立ち寄ってお茶飲み話ができる場を作ったり、交流スペースを運営したりした。被災地内部で生じた分断状況の中で、「人々をつなぐ」このような活動こそ、外部からの支援者の存在意義を示すものと言えるだろう［シャプラニール2016］。

さて、原発事故から1ヶ月ほどすると、事故後の風向きと降雨が原因となって、高線量地域が第一原発から北西方向へと形成されたことがわかってくる。これは第一原発から放出された大量の放射性物質が風で北西の方向へと運ばれ、雨で地表に落ちたことが原因である。その一方で、いわき市内の放射線量はおおむね低いことが判明する（いわき市を含む、より広範な地域における放射線の問題と人々の取り組みについては、NHK ETV特集取材班［2012］、さらにその続編である木村真三［2014］を参照されたい）。

最初期の混乱を乗り越えたいわき市に、私たちが通常イメージするところのボランティアが参集していくことになる。そして、いわき市や福島県という地域を越えたネットワークが、いくつも形成されていったのである。

4　橋渡し型リーダーの特徴1——松崎康弘＝インサイダーにしてアウトサイダー

ボランティアのネットワークが形成されるにあたっては、その中核に位置する人物が存在する。「いわきオリーブプロジェクト」では、それは松崎康弘さんである。彼の持つインサイダーにしてアウトサイダーという特徴こそが、「橋渡し型」のソーシャル・キャピタルを活性化するのに必須であった。

この特徴は、いわゆる「よそ者、若者、馬鹿者が地域の活性化に必要だ」という議論とも通じるところがあるだろう。オリーブは、地中海地域に長く暮らした「よそ者」の発想であり、「馬鹿者」とも言える大胆なアイディアであった。しかし、第3章でも述べたように、「結束型」の強い地域では、長い海外経験は疎んじられる方向にも作用しかねない。松崎さんの本当の強みは、いわきに戻ってから郷土史や民俗学の研究者とも交わって、地域の歴史や文化をより深く学んだことにある。地域の事情を理解することなく、外で得た知識を振り回すようでは誰からも相手にされず、その活動も長続きしないだろう。帰国後にいわきの文化に深く身を浸すことで、インサイダーとしてもカムバックを果したことが、決定的に重要だったのである。

松崎さんは、被災後の早い段階から全国での販売会を通して、いわき市外のボランティアとのつながりを獲得していった。その中でも、とりわけ大きなものが、東京・中野区との結びつきである。この結ぶつきがどのように生み出されたのかに関しては、かなり詳細に把握することができた。

中野で始まった縁が輪市実行委員会には、日本リ・ファッション協会（レフ）の鈴木純子さんが参加していた。そして、レフが古着事業を展開していたことから、鈴木さんは同じ分野で活動する吉田恵美子さん（いわきのＮＰＯピープルの理事長）に連絡をとった。その後、吉田さんが実行委員長の藤原さんに松崎さんを紹介することで、二人は知り合うことになるのだが、この時点ではオリーブは直接の媒介とはなっていない。

藤原さんが回顧しているように（118ページ）、松崎さんと初めて会ったときにはオリーブの話ではなく、じゃんがらとエイサーの話で盛り上がっている。そして、松崎さんもいわきの「じゃんがら念仏踊り」を縁が輪市で披露するためのアレンジ役として、初めて中野を訪れているのだった。鈴木さんが吉田さんに「古着つながり」で連絡したことで、松崎さんは藤原さんと「じゃんがら・エイサー」でつながった。松崎さんの支援者の一人である菊田さんが言っているように「松崎さんの引き出しの多さ」が関係作りに役立ったのである。

オリーブを通していわきと中野の関係がより確かなものとなっていくのは、2012年の第4回縁が輪市で、「挿し木ワークショップ」が実施されてからである。ここから、中野の被災地支援はいわきのオリーブ」へ特化していく。この局面で、人と人の関係を取り結ぶ結節点として、「成長するオリーブ」が前面に登場してくる。藤原さんの次の述懐は示唆的である。「オリーブの挿し木に、思ったよりもずっと多くの中野区民が参加してくれたのは、正直驚きでした。みなさん、土にまみれながら、植物と会話をするとでも言ったらいいんでしょうか。楽しんでもらえたようです」。

さらに、いわきを訪問して応援するために、「オリーブのはばたきの会」が結成された。最初は被災した場所の見学もあったが、回を重ねるごとに植栽、葉摘み、収穫、搾油体験など、オリーブを通していわきの人たちと一緒に汗を流すことがメインのツアーとなった。中野からの参加者と一緒に作業することが、いわきの人たちの励みになった。一方、中野の参加者は自然を感じたり、作業体験をしたりすることで元気をもらって帰ることになる。ツアーで繰り返し顔を合わせることで、たがいの絆が深まっていった。

まさに木田さんが指摘しているように（108ページ）、古代から人間の生活に密着してきたオリーブだからこそ，自然に人と人とを結び付け，畑がコミュニティになったのであった。

5　実行委員会が生み出したソーシャル・キャピタル

ソーシャル・キャピタルは，「人々の間の協調的な行動を促すネットワーク」として定義され，「他者に対する信頼」「おたがいさまといった互酬性の規範」そして「グループ間の絆であるネットワーク」の3点の特徴を有していると言うこともできる〔稲葉2011〕。いわき—中野におけるソーシャル・キャピタルの醸成の過程を，この3点から見ていきたい。

中野の実行委員メンバーが以前から有していた「つて」をたどって，最初の縁が輪市に出演する人選や人集めは行われている。開催前から全員がたがいによく知っていたというわけではなく，「あの人が誘ってくれるのだから」というゆるやかな信頼関係に基づいて，縁が輪市は開催された。そして，被災地から野菜や特産品を持ってくる人，歌や楽器演奏を披露する中野の住民などが集まって，初めて市は成り立つ。「被災地の人々の声を聞く」「励まし合い」といった意味合いが大きかった市であるが，それでもギブアンドテイクの互酬性が，ある程度成立している。イベントに人が集まり，「被災地を応援すること」で，中野のまちも元気づけられている。さらに，イベントを継続・拡大していくことで，中野におけるソーシャル・キャピタルも高まっていくのである。

縁が輪市を継続するなか，挿し木のワークショップをきっかけに，「いわきのオリーブ」へと支援が特化していく。もともと、1回目の市からいわきとの関係は強かったが、始まった時点では、複数の被災地から参加していた。応援する対象がいわきに絞られていったことで、絆はより密になり、信頼関係は高まっていった。そして、オリーブの成長を実際に見に行こうとバスツアーが開催されるようになった時点で、人の行き来も双方向なものとなる。いわきから中野へという一方通行から、「中野からいわきへ」という相互に訪問しあう関係が築かれていった。オリーブのはばたきの会のメンバーは、自分が育てたオリーブの成長を畑で見届け、汗を流して作業する。一時の楽しい時間を過ごすと、その後の世話をいわきの農家に託し、再会を楽しみにしながら中野に戻る。いわきの人々は作業を手伝ってくれて、東京でオリーブの宣伝やさらなるボランティアも紹介してくれる心強いパートナーを得ることになった。

ここで強調したいのが、この時点で、このプロジェクトは「被災地支援」から次の段階、すなわち「オリーブの成長媒介とするコミュニティづくり」へと、スムーズに移行していることである。西山［2005］が阪神・淡路大震災の事例研究から指摘するように、このような移行は、ときとして大きな困難を伴うものである。オリーブの成長が、巧まずしてこの移行をもたらしたのである。

震災から5年後の2016年、オイルの搾油を契機に、はばたきの会は大きなイベントを行うことになる。「オリーブの祭典」である。もともと、「おこのみっくすマガジン」編集部は、飲食店との間に広範なネットワークを築いていた。そして、編集部がメンバーである実行員会を媒介として、中野の飲食店は縁が輪市への参加という形で、被災地への支援を行ってきた。その実績を踏まえたうえでの祭典だった。

先に述べたように、「福島の農産物」と関連付ける形でのイベントであったが、多くの飲食店が臆することなく積極的に参加した。その背景として、３点を挙げることができるだろう。まず、縁が輪市から始まったいわきの人々との絆―信頼関係の醸成が大きい。次に、現地を繰り返し訪問し、放射線の計測についても見聞きしたことで、中野の人々も原発事故の影響を過度に心配する必要がないことを理解していった。そして、いわきの現状（変化）を中野で発信することの重要性も痛感していた。さらに、中野で繰り返し行ってきたイベントの実績から、オリーブの祭典が地域の活性化に必ずや役立つだろうという確信を、参加した飲食店の関係者は持っていたのである。

以上、いわきと中野の関係を、オリーブを通したソーシャル・キャピタルの展開として把握することを試みた。この過程は、オリーブの苗木が数メートルの木へと成長する過程とも重ね合わせることができる。松崎さんが言うように、まさにオリーブは「人を惹きつける、魅力が詰まった木」なのである。

中野の藤原さんを中心とする人々が常連さん＝コアグループを形成しているとするならば、GAKUVO は毎回新しい学生をいわきへと誘う役割を果たしている。さまざまな思いをもつ若い世代が、２００回以上にわたって訪問しつづけていることが、オリーブ（ならびにその他のプロジェクト）のリーダーたちに元気をもたらしてきた。彼ら彼女たちが、貴重な労働力を提供するのみならず、「この方向性で間違いないんだ、がんばろう」というリーダーたちの思いを支えてきたことも重要である。

6　橋渡し型リーダーの特徴2――福島裕＝アウトサイダーにしてインサイダー

福島裕さんは、東京の赤羽で生まれ、30代前半でいわきへ移り住んでいる。いわきの女性と結婚し、義理の父が倒れたことから、妻の実家のある四倉町上柳生に移り住んだ。そして、義母の畑仕事を手伝う形で、農業を始めた。もともとは東京で生まれ育ったアウトサイダーであったが、いわきでも暮らしも40年近くなり、自然とインサイダーになっていった。松崎さんとは逆だが、結果として二人とも両義性を備えていることが、ボランティアを呼び寄せるのに役立っていることは間違いない。

地方農業のあり方を変える「ボランティアとの交流」という発想を受けいれ、着実に訪問者の数を増やすことに成功してきたのは、アウトサイダーでもある福島さんが示す方向性＝地方農業の再生にかける熱意に、多くのボランティアが共感するからである。また、農作業そのものが楽しいからこそ、多くのボランティアが「天空の里山」に足を運ぶわけだが、ここに至る過程で福島さんは非常につらい経験をしている。２０１１年、原発事故の影響で地場産品に買い手がつかなくなり、農業の先行きは絶望的になってしまった。そして、同じ集落に暮らす農業の手ほどきをしてくれた先輩が自殺してしまう。先輩の死は大きな衝撃であり、残された畑を託されたことによって、集落の活性化へと向かう原動力ともなった。

筆者は、いわきでインタビューをしている際に、「この人には哲学がある」と感銘を受けることがあるが、福島さんもその一人である。それだけ、いわきの人々が厳しい試練に直面し、考えに考え、試行錯誤を繰り返してきたということである。この10年間のたゆまぬ実践に裏打ちされた哲学＝希望が、多くのボランティアを惹きつけ、リピーターとする源泉にもなっていると感じている。大和田さんはその著作で［大和田2011：171-173］、アグリ・コミュニティビジネスには明確なビジョンと物語の共有が必須であると指摘しているが、ここには参加者の心に響くビジョンがある。

7　消えゆく集落と立ち現れるＣＳＡ

結束型のソーシャル・キャピタルは、よそ者をブロックする方向にも作用する。東京のＮＧＯであるシャプラニールが苦労を重ねたことについては、すでに述べたとおりである。福島さんの場合はどうだったのだろうか？（この問題は、結束型における信頼が、外部への非寛容な態度につながるというジレンマとして考えることができる。三隅［2017：66］）。

結論から言うと、集落が衰えてしまい、内部のソーシャル・キャピタルも摩耗してしまった状況で、福島さんは活動を開始している。上柳生の最盛期は昭和10年代で、約１００人が住んでいたが、福島さんが移り住んだ1990年代前半には50～60人へと人口は半減していた（山間地域における人口減少・高齢化現象については、堤［2015］を参照。）。

今思えば、庚申講と十九夜さまで定期的に集まり、ときどきの問題を話すことによって、集落は共同体として機能していました。それが、私が越してきて数年のうちに、2ヶ月に1度はきついから半年に1回にしようとなり、それが1年に1回となり…25年くらい前が最後になってしまいました。

村という共同体では、助け合うことと、新入りを厳しくしつけ、また決まり事を守らない成員には制裁を科すことが、コインの両面となっていることはすでに指摘した［恩田2006：123-135］。この点について、福島さんは「新入りに対する厳しいしつけといったことは経験しなかった」と答えている。転居時、すでに共同体の弱体化が始まっており、その後も集落のソーシャル・キャピタルが衰える一方であったことがうかがえる。そして、8世帯19人となった現在、「結束型」はすでに存在しないも同然と言わざるを得ない。

すでにやせ衰えてしまった集落内の資源だけでは活性化がかなわない状況で、福島さんがボランティアと一緒に目指すようになったのが、ＣＳＡ＝Community Supported Agriculture、すなわち「地域支援型農業」である。この概念が面白いのは、「有機農業がコミュニティに支えられて持続し、またそのコミュニティを有機農業の実践が支える」という相互性の上に成立していることである［波夛野2019：12］。日本のＣＳＡの代表的事例としてよく引用される「なないろ畑農場」の片柳義春さんが「ＣＳＡの最大の生産物はコミュニティ」と強調する所以である［片柳2017, 2019］。

ここでのコミュニティは、畑のある集落の成員ばかりでなく、そこに集うようになったボランティアたちを指している。常連のボランティアたちが「コアグループ」を形成し、その周辺に、年に一回ないし二回訪れるボランティアがいる。現在、ボランティアが「天空の里山」の会員となり、農作業に取り組むと同時に、消費者として農産物を定額契約（お任せセット）が定期的に宅配される）する方向で試行錯誤しているが、これが軌道に乗れば、よりＣＳＡの形に近づいていくだろう。

この方向性は、すでに大和田さんの２０１１年の著作『アグリ・ビジネス　農山村力×交流力でつむぐ幸せな社会』で示されていたし、福島さんが先達とする金子美登さんや浅見彰宏さんの方法論にも通じるものである。そして、この挑戦がうまくいくことが、結果として集落の人々が念願する「先祖伝来の畑を守っていく」ことにもなると期待することができるだろう。

コラム5　FOOD PROJECT FUKUSHIMA（FPF）

FPFは、もともと「いわき訪問後に東京でできる活動を」と考えた企画である。2000年代にフェアトレード販売を盛んに行っていた時期に、「商品のことをもっと知ろう」と、カレーやグラタンを学生と一緒に作って食べることは、すでに何回も行っていた。

その延長として、オリーブ製品や野菜をいわきから送ってもらい、みんなで集まってわいわい調理して食べたら、さぞかし楽しいだろうなと、いわきを訪問した学生を中心に呼びかけた。東京周辺の社会人ボランティアにも声をかけ、ソニーの槙野さんや大瀧さんら総勢30人で盛大に第1回を行ったのが2020年1月である。いわきから福島さんも駆けつけてくれて、本当に楽しいイベントになった。次は、シリア人の友人を呼んでシリア料理を楽しもう、その様子をビデオに収めてYoutubeで発信しよう…と盛り上がったところでコロナ禍となってしまった。

みんなで集まって調理することはできなくなったが、その様子を録画して発信するというアイディアがあったことから、野菜や魚を宅急便で配送してもらい、それぞれの自宅で調理動画を作成するという方式に切り替えた。これをまずゼミ生の間で試した後に、現地訪問ができなくなった「ボランティア実習」の講義に取り入れた。「いわき市の今を世界に発信したいので、英語や第二外国語を使って、ビデオを作ること」というのが、国際地域学科の受講生がビデオを作成する際の条件となっている。

さらに、留学生や外国人の友人へと参加者の輪を広げていくことで、言語の数を増やしてきた。２０２２年10月現在、およそ２００本の動画を発信しているが、使用言語は本当に多彩で、アラビア語、韓国語、ギリシア語、シンハラ語、セブアノ語、中国語、ドイツ語、ネパール語、ビルマ語、ブルガリア語、ベトナム語、ベンガル語など20言語を数えるまでになった。多くは字幕解説となっているが、なかには母国語で熱く語っている留学生もいる。

これだけの数のビデオを作成しつづけ、学科の外へと活動の輪を広げていくには、お金が必要にある。これは東洋大学の社会貢献センターに助成金を申請することで確保することができた（もともと、いわきへ学生ボランティアを送りこむ交通費・宿泊費等が予算措置されていた）。さらに，クラウドファンディングにも挑戦して資金を獲得した（およそ20万円）。

ＦＰＦでは、学生が作った外国語の動画を細かくチェックして直したりはしていない。動画があれば、内容は十分伝わるから、たいがいのミスはそのままである。やる気のある学生には、時期をおいて２本目のビデオを作ってもらっている。最初から完璧を求めるよりも、そのほうがよほど建設的だろうと考えている。

いわき、さらには福島の食の情報を、海外に向けて多言語で発信していくことの社会的意義は大きいと確信している。コロナ禍が収まった後でも、いわき訪問と組み合わせて継続していきたい。

引用文献

浅見彰宏（2012）『ぼくが百姓になった理由〈わけ〉――山村でめざす自給知足』コモンズ。

D・P・アルドリッチ／石田祐・藤澤由和訳（2015）『災害復興におけるソーシャル・キャピタルの役割とは何か 地域再建とレジリエンスの構築』ミネルヴァ書房。

稲葉陽二（2011）『ソーシャル・キャピタル入門 孤立から絆へ』中央公論新社。

いわき市海岸保全を考える会（2011）『HOPE2』いわき市海岸保全を考える会。

いわき市行政経営部広報広聴課およびプロジェクトチーム・いわき未来づくりセンター（2012）『東日本大震災から1年 いわき市の記録』いわき市。

NHK ETV特集取材班（2012）『ホットスポット ネットワークでつくる放射能汚染地図』講談社。

小宅幸一（2016）「いわきの地域開発と地域構造」『関東都市学会年報』17、9―18。

大和田順子（2011）『アグリ・ビジネス 農山村力×交流力でつむぐ幸せな社会』学芸出版社。

大和田順子・吉田恵美子・栗林敦子（2021）「市民協働による地域復興共創システムに関する考察～「ふくしまオーガニックコットンプロジェクト」を事例に～」*Journal of International Association of P2M*, 15-2, 118-135。

恩田守男（2006）『互助社会論――ユイ、モヤイ、テツダイの民俗社会学』世界思想社。

片柳義春（2017）『消費者も育つ農場――CSAないろ畑の取り組みから』創森社。

片柳義春（2019）「コミュニティをつくりだすなないろ農場」波夛野豪・唐崎卓也編著『分かち合うCSA――日欧米の取り組みから』創森社、123―143。

川内有（2018）『空をゆく巨人』集英社。

川副早央里・浦野正樹（2012）「原発災害の影響と復興への課題—いわき市にみる地域特性と被害状況の多様性への対応」『日本都市学会年報』45、150—159。

川副早央里・星野壮（2019）「浜通りにおけるいわき市の位置づけと震災被害」、星野英紀・弓山達也編『東日本大震災後の宗教とコミュニティ』ハーベスト社、2—22。

川脇康生（2014）「地域のソーシャル・キャピタルは災害時の共助を促進するか」*The Nonprofit Review*、14-1 & 2, 1-13.

木村真三（2014）『「放射能汚染地図」の今』講談社。

トム・ギル／庄司正彦（2019）「当事者が語る——人の強制避難者が経験した福島第一原発事故」、関谷雄一・高倉浩樹編『震災復興の公共人類学』東京大学出版会、169—194。

黒田かをり（2013）「国際協力NGOと東日本大震災——被災地と世界をつなぐ」、桜井政成編著『東日本大震災とNPO・ボランティア　市民の力はいかにして立ち現れたか』ミネルヴァ書房、127—149。

小松理虔（2018）『新復興論』ゲンロン。

塩谷弘康・岩崎由美子（2014）『食と農でつなぐ　福島から』岩波書店。

JANIC（2012）『東日本大震災と国際協力NGO——国内での新たな可能性と課題、そして提言』国際協力NGOセンター（JANIC）。

シャプラニール＝市民による海外協力の会編（2016）『いわき、1846日——海外協力NGOによる東日本大震災支援活動報告』シャプラニール＝市民による海外協力の会。

小豆島ヘルシーランド株式会社（2017）『オリーブのすごい力——健康をもたらす、生命の樹オリーブ8000年パワー』小豆島ヘルシーランド株式会社。

菅磨志保（2014）「災害ボランティア―助け合いの新たな仕組みの可能性と課題」、荻野昌弘・蘭信三編著『3.11以前の社会学　阪神・淡路大震災から東日本大震災へ』生活書院、90―121。

デビッド・スレイター（2013）「ボランティア支援における倫理――贈り物と返礼の組み合わせ」トム・ギル／ブリギッテ・シテーガ／デビッド・スレイター編『東日本大震災の人類学――津波、原発事故と被災者たちの「その後」』人文書院、63―97。

辻内琢也・滝澤柚・岩垣穂大（研究協力：佐藤純俊）（2019）「原発事故避難者受け入れ自治体の経験――ソーシャル・キャピタルを活用した災害に強いまちづくりを目指して」関谷雄一・高倉浩樹編『震災復興の公共人類学』東京大学出版会、133―167。

堤研二（2015）『人口減少・高齢化と生活環境―山間地域とソーシャル・キャピタルの事例に学ぶ』九州大学出版会。

中澤裕子（2015）「福島県いわき市　都市部の支援活動との連携による事業展開――社会企業家とプロボノ（47PLANNING）」関満博編『震災復興と地域産業6　復興を支えるNPO、社会企業家』新評論、164―179。

中原一歩（2011）『奇跡の災害ボランティア「石巻」モデル』朝日新聞出版。

中村庸夫（2012）『がんばっぺアクアマリンふくしま――東日本大震災から立ちなおった水族館』フレーベル館。

西山志保（2005）『ボランティア活動の論理――ボランタリズムとサブシステンス』東信堂。

ニッセイ基礎研究所・いわき芸術文化交流館アリオス（2012）『文化からの復興 市民と震災といわきアリオスと』水曜社。

日本財団広報グループ（2013）『ボランティア奮闘記――若い力が未来を変える』木楽舎。

子島進（2012）「東日本大震災におけるシャプラニールの支援活動――福島県いわき市での実践」『国際地域学研究』15、31―39。

――（2014）『ムスリムＮＧＯ　信仰と社会奉仕活動』山川出版社。

――（2016）「気仙沼における東洋大学学生ボランティアセンターの支援活動その２」『国際地域学研究』19、２―12。

――（2021）「学生と歩んできたフェアトレード活動」増田研・椎野若菜編『現場で育むフィールドワーク教育』古今書院、１９５―２０９。

子島進・五十嵐理奈・小早川裕子編（2010）『館林発フェアトレード――地域から発信する国際協力』上毛新聞社。

子島進・須永晃代（2015）「気仙沼における東洋大学学生ボランティアセンターの支援活動」『国際地域学研究』18、３―13。

NEJIMA, S. KOMATSU, T. and SATO, M. (2014) Preliminary Report on Shaplaneer's Disaster Relief in Iwaki, Fukushima Prefecture『国際地域学研究』17, 15-23.

波夛野豪（2019）「ＣＳＡという方法の源流と原型」波夛野豪・唐崎卓也編著『分かち合う農業 CSA――日欧米の取り組みから』創森社、10―27。

ロバート・Ｄ・パットナム／柴内康文訳（2006）『孤独なボウリング――米国コミュニティの崩壊と再生』柏書房。

速水聖子（2017）「被災地・福島をめぐる社会的分断と共生についての考察：現地での支援／遠くからの支援」『山口大学文学会志』67、１―22。

本荘雄一・立木茂雄（2015）「東日本大震災における創発的・多組織ネットワーク（EMONs）の協調活動を規定する要因に関する考察」『地域安全学会論文集』27、１５５―１６５。

松本行真（2016）「津波被災地域における復興まちづくりに向けた「連携」の現状と課題」『関東都市学会年報』17、19―27。

三浦雅人（2012）「私記録（日記）「私の東日本大震災と避難所生活」」『潮流』第39報、67―77。

三隅一人（2017）「地域社会における信頼形成の社会理論」、三浦典子・横田尚俊・速水聖子『地域再生の社会学』学文社、58—77。

F・ランツァ／伊藤綺訳（2016）『オリーブの歴史』原書房。

山下祐介・吉田耕平・原田峻（2012）「ある聞き書きから——原発から追われた町、富岡の記録」山下祐介・開沼博編著『「原発避難」論—避難の実像からセカンドタウン、故郷再生まで』明石書店、57—90。

吉田恵美子・島村守彦（2014）「福島復興へのみち　いわきおてんとＳＵＮプロジェクト発 日本社会へ」松岡俊二・いわきおてんとＳＵＮ企業組合『福島から日本の未来を創る：復興のための新しい発想』早稲田大学出版部、85—１２４。

読売新聞（2013）「原賠審新指針　賠償格差くっきり　増額の避難者「歓迎」　分断自治体は「懸念」」２０１３年12月27日朝刊。

渡部喜和（2012）「ポンプ車もろとも濁流に揉まれて」、日本消防協会編『消防団の闘い—３．１１東日本大震災』近代消防社、２５４—２５６。

Wunder ground 編（2017）『潮目のまちから～いわきの多様性と、文化政策の可能性』いわき市、福島県、東京都、アーツカウンシル東京、Wunder ground。

〈ウェブサイト〉
いわき市役所ホームページ（いわき市のプロフィール）
http://www.city.iwaki.lg.jp/www/contents/1001000004062/index.html
いわき市農林水産部農政流通課「いわき野菜 Navi　木田泰源」２０１６年11月18日。
http://iwaki-yasai-navi.jp/producer/kida_motoyasu.php

大平公規「地震と津波と原発と、東日本大震災におけるいわき市消防本部の活動状況」
https://www.bousaihaku.com/wp/wp-ontent/uploads/2013/11/f1.shoboshokudannin_iwaki.pdf
気象庁震度階級関連解説表
https://www.jma.go.jp/jma/kishou/know/shindo/kaisetsu.html
気象庁「平成23年（2011年）東北地方太平洋沖地震時に震度計で観測した各地の揺れの状況について」
https://www.jma.go.jp/jma/press/1103/25a/201103251030.html
十中八九　http://xn--fiq7dw5hx8b.com/
十中八九いわき（YouTube チャンネル）
たらちね　https://tarachineiwaki.org/

〈東洋大学（いわきボランティア関連）〉
・福島県いわき市の食とフェアトレードでつながるプロジェクト
https://www.toyo.ac.jp/academics/faculty/grs/rdsc/feature/319335/
・ボランティア実習Ⅰ（いわき）
https://www.toyo.ac.jp/News/academics/faculty/grs/rdsc/362991/
・いわき市訪問&館林販売　実施報告
https://www.toyo.ac.jp/pickup/SocialPartnership/csc/olive/
・福島県いわき市の漁業の現状を発信するスタディーツアー　実施報告
https://www.toyo.ac.jp/pickup/SocialPartnership/csc/iwakigyogyou/
・Food Project Fukushima

https://www.toyo.ac.jp/academics/faculty/grs/rdsc/feature/Food%20Project%20Fukushima_Nejima/Food Fukushima Project（YouTube チャンネル）
NIKKEI STYLE（日本経済新聞）、２０２１年3月8日。
「岩手・宮城・福島の水産加工品10選　食べて復興支援」
https://style.nikkei.com/article/DGXMZO6960951OT00C21A3W01001/
日本経済新聞「福島原発事故の賠償実績、４人世帯で９０００万円　審査会が公表」２０１３年10月25日。
https://www.nikkei.com/article/DGXNASFS2504L_V21C13A0PP8000/
未来会議　http://miraikaigi.org/
Times of Israel 2014/12/17, Olive oil traces dating back 8,000 years found in Israel.
https://www.timesofisrael.com/olive-oil-dating-back-8000-years-found-in-north/

おわりに

本書では、東日本大震災を起点とする、福島県いわき市におけるボランティア活動を、大きく3つに分けて紹介した。最初に、震災と原発事故直後の状況と、市民による自発的な助けあいについて記した（第1、2章）。つづいて、震災後に大きく成長した「いわきオリーブプロジェクト」と「天空の里山」について、当事者へのインタビューをもとに詳しく記述した（第3、4章）。最後に、これらの活動から生み出されたボランティア・ネットワークの特徴について、ソーシャル・キャピタルを用いて考察した（第5章）。コラムでは、東洋大生と一緒に行ってきた活動の一端を紹介した。

いわきを訪問するようになって、5、6年たったころから、自分たちもその輪に加わっているボランティアのネットワークについての考察をブックレットにまとめたいと思うようになった。しかし、書き出してみると構想がどんどん膨らんでいき、なかなか書き終えることができなかった。コロナ禍で、ボランティア学生の引率が「足踏み状態」になったことで、じっくりとふりかえりを行うことができた。そして、ようやくここに一書にまとめることができた。

余震が来るたびに、ダイニングテーブルの下に潜り込んでいた小学生の息子と幼稚園児の娘の姿をおぼろげに記憶しているが、その二人もこの春から大学と高校に進学しようとしている。時が経つのは本当に早い。東日本大震災から12年が経過したのだ。

ふりかえってみると、次の世代に、どのような社会を手渡していくことになるのだろうか?と自問自答しながら、最初の数年を過ごしていた。それは多くの日本人が共有していた問題意識だったと思う。しかし、日々の忙しさの中で、この思いは記憶の彼方に追いやられてしまったかのようだ。いわきを訪問しつづけることがなければ、私の中でも薄れていってしまったに違いない。

「未来の社会を構想する」という大切な思いを風化させることなく、十余年の歳月をかけて具体的な形にしてきたのが、オリーブであり、コットンであり、そして天空の里山だった。この間、試練をくぐりぬけ、奮闘してきたいわきのみなさんと、その周りに集まったボランティアに改めて敬意を表したい。

最後に、本書をまとめるうえでお世話になった方々のお名前を記して、感謝の意を表明したい。まず、いわき訪問の最初期の段階でお世話になった吉田まさ子さん、隆治さん夫妻にお礼を申し上げたい。そして吉田さん夫妻を介して、いわきでの活動を始めたシャプラニール＝市民による海外協力の会の存在があったからこそ、私自身もいわきにつながることができた。同会の事務局長を務める小松豊明さんに深く感謝したい。

『HOPE2』を編集した共同通信の中村靖治さん、ふくしまオーガニックコットンプロジェクトを開始した吉田恵美子さん、松崎康弘さん、福島裕さん、そしていつも宿泊先としてお世話になっている古滝屋の里見善生さんには、これまでの感謝とともに「これからもよろしくお願いします」とお伝えしたい。

酒井悠太さん（起点）、また本書では直接触れていないが、阿部峻久さん（合同会社はまから／鮮魚店はま水）との連携は、コロナ禍があったこともあり、ようやく始まろうとしているところである。若い世代のネットワークを通して、いわきの新しい動きにも加えていただければと大いに期待している。

中野の藤原秋一さん、Gakuvo（2022年に日本財団ボランティアセンターへ名称変更）の宮腰義仁さんと高野葉郎さん、そしてソニーの槙野徹さんと大瀧知子さんからもインタビューのために貴重なお時間をいただきました。

東洋大学の社会貢献センター（ボランティア支援室）の笠原昌江さんがゼミ活動に共感してくれたことで、いわきでの活動を全学的に広げることができた。福島県出身の理事長である安斎隆さんからも、折につけ励ましの言葉をいただいた。お二人にも感謝したい。

ミネルヴァ書房編集部の浅井久仁人さんによる内容へのコメント、そして形式の細かいチェックのおかげで、本書は誕生しました。ありがとうございます。

〈著 者〉

子島　進（ねじま すすむ）

東洋大学国際学部教授。

1964年，鹿児島県生まれ。

総合研究大学院大学文化科学研究科博士課程修了。博士（文学）。

イスラーム社会と日本をフィールドに，ボランティア文化の比較研究を行っている。

著書に，『館林発フェアトレード――地域から発信する国際協力』（編著）上毛新聞社，2010年，『ムスリムNGO――信仰と社会奉仕活動』山川出版社，2014年，『大学における海外体験学習への挑戦』（編著）ナカニシヤ出版，2017年，『南アジア史４　近代・現代』（共著）山川出版社，2019年，『現場で育むフィールドワーク教育』（共著）古今書院，2021年，など。


〈編集協力〉

中村靖治（なかむら せいじ）

共同通信社福島支局いわき通信員。

1972年，埼玉県生まれ。

著書に共著として，復興写真集『HOPE』，証言集『HOPE２』，ガイドブック『HOPE３』（いわき市海岸保全を考える会），『てこてこ～川とともに生きる令和元年台風19号から１年の歩み～』（一般社団法人Teco）など。

海の近くに住む生活に憧れ，国内外を放浪後，福島県いわき市に移住。波乗りと狩猟がライフワーク。

いわき発ボランティア・ネットワーク
――ソーシャル・キャピタルの視点から――

2023年5月1日　初版第1刷発行　〈検印省略〉

定価はカバーに
表示しています

著　者　子　島　進
発行者　杉　田　啓　三
印刷者　中　村　勝　弘

発行所　株式会社　ミネルヴァ書房
607-8494 京都市山科区日ノ岡堤谷町1
電話代表（075)581-5191
振替口座 01020-0-8076

中村印刷・坂井製本

ISBN978-4-623-09467-7
Printed in Japan